Überprüfung der Textkenntnisse

1 Die Exposition

Den Eingangsmonolog untersuchen

M 1

ERSTER AUFZUG – ERSTER AUFTRITT

IPHIGENIE. Heraus in eure Schatten, rege Wipfel
Des alten, heil'gen, dichtbelaubten Haines,
Wie in der Göttin stilles Heiligtum,
Tret ich noch jetzt mit schauderndem Gefühl,
Als wenn ich sie zum ersten Mal beträte,
Und es gewöhnt sich nicht mein Geist hierher.
So manches Jahr bewahrt mich hier verborgen
Ein hoher Wille, dem ich mich ergebe;
Doch immer bin ich, wie im ersten, fremd.
Denn ach mich trennt das Meer von den Geliebten,
Und an dem Ufer steh ich lange Tage,
Das Land der Griechen mit der Seele suchend;
Und gegen meine Seufzer bringt die Welle
Nur dumpfe Töne brausend mir herüber.
Weh dem, der fern von Eltern und Geschwistern
Ein einsam Leben führt! Ihm zehrt der Gram
Das nächste Glück vor seinen Lippen weg.
[...]
So hält mich Thoas hier, ein edler Mann,
In ernsten, heil'gen Sklavenbanden fest.
O wie beschämt gesteh ich, dass ich dir
Mit stillem Widerwillen diene, Göttin,
Dir meiner Retterin! Mein Leben sollte
Zu freiem Dienste dir gewidmet sein.
Auch hab ich stets auf dich gehofft und hoffe
Noch jetzt auf dich, Diana, die du mich,
Des größten Königes verstoßne Tochter,
In deinen heil'gen, sanften Arm genommen.
Ja, Tochter Zeus', wenn du den hohen Mann,
Den du, die Tochter fordernd, ängstigtest;
Wenn du den göttergleichen Agamemnon,
Der dir sein Liebstes zum Altare brachte,
Von Trojas umgewandten Mauern rühmlich
Nach seinem Vaterland zurückbegleitet,
Die Gattin ihm, Elektren und den Sohn,
Die schönen Schätze, wohl erhalten hast;
So gib auch mich den Meinen endlich wieder,
Und rette mich, die du vom Tod errettet,
Auch von dem Leben hier, dem zweiten Tode.

1 Entnehmen Sie dem Monolog Informationen zur Situation Iphigenies (Ort, Zeit, Stellung).

____

____

____

2 Beschreiben Sie die in dem Monolog deutlich werdenden Gefühle Iphigenies. Was beinhaltet ihre Angst vor dem „zweiten Tod"?

____

____

____

M2 Zwei Gemälde deuten

Anselm Feuerbach: Iphigenie (1862)

Anselm Feuerbach: Iphigenie (1871)

1 Welches Bild gibt die Stimmung im Eingangsmonolog besser wieder? Begründen Sie Ihre Meinung.

2 Benennen Sie die in dem Monolog angedeuteten Konflikte.

Die Vorgeschichte wiedergeben

M 3

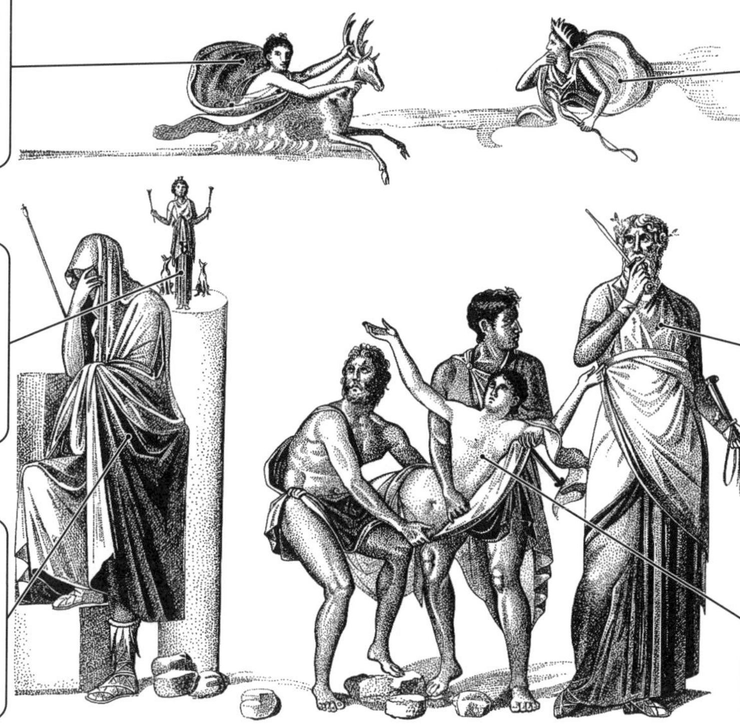

Opferung der Iphigeneia (nach pompejanischem Wandgemälde, Neapel, Nationalmuseum)

1 Beschriften Sie die Figuren und geben Sie die Vorgeschichte zum Drama wieder.

2 Ordnen Sie die folgenden Zitate, die aus einer Nacherzählung der Vorgeschichte zu *Iphigenie auf Tauris* stammen, den richtigen Sprechern bzw. Sprecherinnen zu und erläutern Sie ihren Zusammenhang.

Zitat	Sprecher(in)	Situation / Bedeutung
„Einst glaubtest du, ein besserer Jäger zu sein als ich, nun wirst du erkennen, wer mehr Macht hat."		
„Warum holtest du uns unter dem Vorwand einer Hochzeit hierhin nach Aulis und nimmst mir nun meine Tochter?"		
„Mutig und still will ich den Nacken dem Opferstahle bieten!"		
„Warum muss ich ein unschuldiges Mädchen für ein egoistisches, buhlerisches Weib opfern?"		

M4 Die Bedeutung des Tantalidenfluchs erschließen

THOAS. […]
Du nahmest Teil an meinen tiefen Schmerzen,
Als mir das Schwert der Feinde meinen Sohn,
Den letzten, besten, von der Seite riss.
Solang die Rache meinen Geist besaß,
Empfand ich nicht die Öde meiner Wohnung;
Doch jetzt, da ich befriedigt wiederkehre,
Ihr Reich zerstört, mein Sohn gerochen ist,
Bleibt mir zu Hause nichts das mich ergetze.
Der fröhliche Gehorsam, den ich sonst
Aus einem jeden Auge blicken sah,
Ist nun von Sorg und Unmut still gedämpft.
Ein jeder sinnt was künftig werden wird,
Und folgt dem Kinderlosen, weil er muss.
Nun komm ich heut in diesen Tempel, den
Ich oft betrat um Sieg zu bitten und
Für Sieg zu danken. Einen alten Wunsch
Trag ich im Busen, der auch dir nicht fremd,
Noch unerwartet ist: ich hoffe, dich
Zum Segen meines Volks und mir zum Segen,
Als Braut in meine Wohnung einzuführen.

IPHIGENIE. Der Unbekannten bietest du zu viel,
O König, an. Es steht die Flüchtige
Beschämt vor dir, die nichts an diesem Ufer
Als Schutz und Ruhe sucht, die du ihr gabst.
[…]

IPHIGENIE. Verbarg ich meiner Eltern Namen und
Mein Haus, o König, war's Verlegenheit,
Nicht Misstraun. Denn vielleicht, ach wüsstest du,
Wer vor dir steht, und welch verwünschtes Haupt
Du nährst und schützest; ein Entsetzen fasste
Dein großes Herz mit seltnem Schauer an,
Und statt die Seite deines Thrones mir
Zu bieten, triebest du mich vor der Zeit
Aus deinem Reiche; stießest mich vielleicht,
Eh zu den Meinen frohe Rückkehr mir
Und meiner Wandrung Ende zugedacht ist,
Dem Elend zu, das jeden Schweifenden,
Von seinem Haus Vertriebnen überall
Mit kalter fremder Schreckenshand erwartet.

1 Benennen Sie die Motive Thoas' für seinen Heiratsantrag.

2 Beschreiben Sie die Reaktion Iphigenies: Welches Ziel verfolgt sie?

3 Ordnen Sie die Taten den jeweiligen mythologischen Figuren zu.

Atreus **Ägisth** **Thyest** **Tantalus** **Pelops**

a Obwohl ______________ ein Sterblicher war, durfte er am Tisch der Götter sitzen und galt als Vertrauter Zeus'. Als er jedoch seinen Sohn tötete und ihn den Göttern als Speise vorsetzte, um ihre Allwissenheit zu prüfen, wurde ______________ in den Tartaros verbannt, wo er im Wasser unter einem Obstbaum stehend Hunger und Durst erleiden musste und ein über ihm hängender Felsblock ihn bedrohte. Zudem warf man ihm vor, Geheimnisse des Zeus ausgeplaudert zu haben und Nektar, Ambrosia und den goldenen Hund des Göttervaters gestohlen zu haben.

b Von den Göttern wieder zum Leben erweckt, besiegte ______________ mit der Hilfe Poseidons und durch eine List den König Oinomaos bei einem Wagenrennen. Er hatte Myrtilos, den Wagenlenker des Oinomaos bestochen, die bronzenen Nägel an dessen Wagenrädern zu manipulieren. Deshalb starb der König und ______________ folgte ihm durch die Heirat seiner Tochter Hippodameia auf den Thron.

c Mit seinem Bruder zusammen tötete ______________ seinen unehelichen Halbbruder Chrysippos, wurde von seinem Vater verflucht und musste nach Mykene fliehen, wo er mit seinem Bruder herrschte. Als dieser ihn mit seiner Frau betrog, verbannte er ihn. Sein Bruder nahm jedoch einen seiner Neffen in die Verbannung mit und schickte ihn später zurück nach Mykene, um ______________ zu töten. Dieser entdeckte den Plan und tötete seinen eigenen Sohn. Als er erkannte, was er getan hatte, rächte er sich, indem er die beiden Kinder seines Bruders ermordete und diesem als Mahlzeit vorsetzte. Später heiratete er die Tochter seines Bruders, die von diesem jedoch zuvor geschwängert worden war. Als er seinen Bruder durch seinen vermeintlichen Sohn ermorden lassen wollte, erkannte der Sohn, dass der Onkel in Wirklichkeit sein Vater war, kehrte zurück und tötete ______________.

d Mit seinem Bruder zusammen tötete ______________ seinen Halbbruder Chrysippos, wurde von seinem Vater verflucht und musste nach Mykene fliehen, wo er mit seinem Bruder herrschte. Als sein Bruder erkannte, dass er ihn mit seiner Frau betrogen hatte, verbannte er ihn. Ins Exil nahm ______________ einen Sohn seines Bruders mit. Diesen schickte er später mit dem Auftrag, seinen Vater zu töten, wieder nach Mykene. Nach der Rache seines Bruders schwängerte er auf Anraten des Delphischen Orakels seine eigene Tochter Pelopia.

e ______________ tötete seinen Onkel, nachdem er erkannt hatte, dass dieser ihn benutzen wollte, um seinen Vater zu töten. Als Agamemnon sich im Trojanischen Krieg befand, wurde ______________ der Liebhaber Klytaimnestras und gemeinsam beschlossen sie Agamemnons Ermordung. Als dieser heimgekehrt war, warfen sie im Bad ein Netz über ihn, sodass ______________ den Kampfunfähigen töten konnte.

4 Setzen Sie sich mit dem Menschenbild, das die einzelnen Taten vermitteln, auseinander. Berücksichtigen Sie hierbei Ziele und Motivation der einzelnen Handelnden.

M5 Die Auswirkungen der Taten der Vorfahren erklären

IPHIGENIE. Er ist es[1]; aber Götter sollten nicht
Mit Menschen, wie mit ihresgleichen, wandeln;
Das sterbliche Geschlecht ist viel zu schwach
In ungewohnter Höhe nicht zu schwindeln.
Unedel war er nicht und kein Verräter;
Allein zum Knecht zu groß, und zum Gesellen
Des großen Donnrers nur ein Mensch. So war
Auch sein Vergehen menschlich; ihr Gericht
War streng, und Dichter singen: Übermut
Und Untreu stürzten ihn von Jovis Tisch
Zur Schmach des alten Tartarus hinab.
Ach und sein ganz Geschlecht trug ihren Hass!
THOAS. Trug es die Schuld des Ahnherrn oder eigne?

1 gemeint ist: „Tantalus ist mein Vorfahre“ (vgl. V. 306)

1 Erläutern Sie, wie Iphigenie und Thoas in diesem Dialog jeweils die Taten der Vorfahren bewerten.

2 Immer wieder wird im Zusammenhang mit dem Tantalidenfluch das Motiv des Bandes im Text benutzt. Erklären Sie die Wirkung dieses Motivs anhand zweier Textstellen Ihrer Wahl.

3 Stellen Sie dar, in welchen Konflikt Iphigenie durch Thoas' Heiratsantrag gerät.

Heirat mit Thoas	KONFLIKT	Ablehnung des Antrags
positive Folgen:		positive Folgen:
negative Folgen:		negative Folgen:

2 Die dramatische Handlung

Die Handlungsschritte ordnen

M6

	Auftritt Orests, der Iphigenie zur Flucht abholen möchte / Gefahr des bewaffneten Kampfes zwischen Orest und Thoas / Eingreifen Iphigenies
	Monolog Iphigenies über ihre zunehmenden Zweifel an der Richtigkeit des Plans, Thoas und die Taurer zu täuschen
	Arkas kündigt die Rückkehr Thoas' und seines Heeres an / Erinnerung Iphigenies an ihre Verpflichtung dem König und den Taurern gegenüber
	Dialog zwischen Pylades und Iphigenie über den Trojanischen Krieg, das Schicksal Agamemnons und – von Pylades verfälscht – sein und Orests Schicksal
	Dialog zwischen Iphigenie und Arkas: dessen Ermahnung, Iphigenie solle das Opfer durchführen / Iphigenies Reaktion gemäß Pylades' Plan: Vortäuschung der Notwendigkeit, das Götterbild zu reinigen / Arkas' Warnung und Ankündigung, den König zu informieren
	Orest will um die Freiheit kämpfen / Einschreiten Iphigenies: sie beweist Orests Identität / Erkenntnis Orests, dass er Iphigenie und nicht das Götterbild nach Mykene bringen soll / Iphigenie erinnert Thoas an sein Wort / Thoas lässt sie gehen, Abschied
	Pylades und Arkas kommen zu Iphigenie, Orest und Thoas / Orest und Thoas fordern diese auf, Taurer und Griechen vom Kampf abzuhalten, solange Iphigenie, Orest und Thoas sich besprechen
	Dialog zwischen Iphigenie und Thoas: Iphigenies Entscheidung zur Wahrheit und gegen den Plan des Pylades / Appell an Thoas' Gefühl / Unsicherheit Thoas', wie er weiterverfahren solle
	Monolog Iphigenies: Bitte an die Götter, Pylades zu unterstützen, Inhalt des Plans, Darlegung ihrer zwiespältigen Gefühle hinsichtlich der List
	Iphigenie und Pylades befreien Orest aus seinem Wahn / Lösung des auf ihm lastenden Fluchs / Ermahnung des Pylades, schnell zu handeln
	Dialog zwischen Arkas und Thoas über Arkas' Argwohn / Auftrag Thoas', Iphigenie zu holen und das Ufer abzusuchen
	Auftritt Orests und Pylades': Gespräch über den Tod, ihre Vergangenheit und das Verhältnis zwischen Göttern und Menschen
	Monolog Iphigenies über Schicksal, Götter und Schuld / Erinnerung an das Parzenlied aus ihrer Kindheit
	Iphigenies Klage über ihr Exil und ihre Sehnsucht nach Griechenland und nach ihrer Familie
	Monolog Thoas': Ärger über seine Milde und über Iphigenie, von der er sich ausgenutzt und hintergangen fühlt
	Monolog Iphigenies: Gebet an Diana um Hilfe, ihre Hände nicht mit Blut beflecken zu müssen
	Thoas' Heiratsantrag / Iphigenies Ablehnung und Darlegung ihrer Herkunft / Wiedereinführung der Menschenopfer
	Vision Orests: Versöhnung der Tantaliden, jedoch weitere Bestrafung des Tantalus
	Dialog zwischen Iphigenie und Pylades, der kommt, um das Götterbild zu holen: Plan ist gefährdet durch das Nahen des Königs / Iphigenie legt ihre Zweifel dar und Pylades bringt Gegenargumente vor
	Dialog zwischen Iphigenie und Orest: Entscheidung Orests zur Wahrheit, Preisgabe seiner Identität, Zweifel Orests an Iphigenies Identität, seine Ohnmacht

1 Bringen Sie die Handlungsschritte in die richtige Reihenfolge.

2 Ordnen Sie folgende dramatische Begriffe den Szenen des Schauspiels zu:

Exposition →	
erregendes Moment →	
steigende Handlung →	
Höhepunkt (Peripetie) →	
fallende Handlung →	
retardierendes Moment →	
Lösung →	

M 7 Das Drama in Beziehung zur aristotelischen Poetik setzen

Aristoteles: Poetik (um 335 v.Chr.; Auszüge)

1 [D]ie Tragödie versucht so weit als möglich sich in einem einzigen Sonnenumlauf oder doch nur wenig darüber hinaus abzuwickeln. [...] Die Tragödie ist die Nachahmung einer edlen und abgeschlossenen Handlung von einer bestimmten Größe in gewählter Rede, derart, daß jede Form solcher Rede in gesonderten Teilen erscheint und daß gehandelt und nicht berichtet wird und daß mit Hilfe von Mitleid und Furcht eine Reinigung von eben derartigen Affekten bewerkstelligt wird. [...] Da ferner die Nachahmung einer Handlung gemeint ist, jede Handlung aber von Handelnden geführt wird, welche hinsichtlich ihres Charakters und ihrer Gedanken von einer bestimmten Qualität sind, [...] ist die Nachahmung der Handlung der Mythos. Ich verstehe hier unter Mythos die Zusammensetzung der Handlungen, unter Charakter aber das, was macht, daß wir die Handelnden so oder so nennen [...].

Das Wichtigste [...] ist der Aufbau der Handlungen. Denn die Tragödie ist nicht die Nachahmung von Menschen, sondern von Handlungen und Lebensweisen, von Glück und Unglück. [...]

Nachdem wir dies unterschieden haben, müssen wir nun sagen, wie der Aufbau der Handlung sein soll, da ja dies das erste und wichtigste Stück der Tragödie ist. Vorausgesetzt ist, daß die Tragödie die Nachahmung einer vollständigen und ganzen Handlung ist, und zwar von einer bestimmten Länge. Ganz ist, was Anfang, Mitte und Ende besitzt. Anfang ist, was selbst nicht notwendig auf ein anderes folgt, aus dem aber ein anderes natürlicherweise wird oder entsteht. Ende umgekehrt ist, was selbst natürlicherweise aus anderem wird oder entsteht, aus Notwendigkeit oder in der Regel, ohne daß aus ihm etwas weiteres mehr entsteht. Mitte endlich, was nach anderem und vor anderem ist. Es dürfen also Handlungen, die gut aufgebaut sein sollen, weder an einem beliebigen Punkte beginnen noch an einem beliebigen Punkte aufhören, sondern müssen sich an die angegebenen Prinzipien halten. [...] Wie also in den nachahmenden Künsten eine Nachahmung sich auf einen Gegenstand bezieht, so muß auch der Mythos, da er Nachahmung von Handlung ist, Nachahmung einer einzigen und ganzen Handlung sein. Die Teile der Handlung müssen so zusammengesetzt sein, daß das Ganze sich verändert und in Bewegung gerät, wenn ein einziger Teil umgestellt oder weggenommen wird. [...]

Quelle: Aristoteles: Poetik. Übers. u. eingeleitet von Olof Gigon. Zürich: Artemis

Inwiefern wird Goethes Drama der Poetik des Aristoteles gerecht? Begründen Sie Ihre Ausführungen.

3 Die Bedeutung klassizistischer Strömungen für das Drama

Den Entstehungsprozess von „Iphigenie" rekapitulieren

M8

Am 3. September 1786 floh Goethe vor seinen Aufgaben und politischen Verpflichtungen als Minister in Weimar. Schwer enttäuscht war er darüber, dass viele seiner Reformbemühungen durch das Festhalten an Traditionen und den Widerstand der Aristokratie ins Leere liefen. Deshalb entschied er, sich wieder mehr seiner literarischen Tätigkeit zu widmen, und trat überstürzt eine Italienreise über Venedig nach Rom an, wo er von Oktober 1786 bis Dezember 1789 an der endgültigen Fassung seines Dramas „Iphigenie auf Tauris" arbeitete. Einen Überblick über seine Arbeit geben folgende Briefe und Briefauszüge:

An Charlotte v. Stein, Dienstag d. 23. Aug. 86

[...] Gestern Abend ward Iphigenie gelesen und gut sentirt. Dem Herzog wards wunderlich dabey zu Muthe. Jetzt da sie in Verse geschnitten ist macht sie mir neue Freude, man sieht auch eher was noch Verbesserung bedarf. Ich arbeite dran und dencke morgen fertig zu werden. [...]

An Johann Gottfried Herder, Ende August 1786

Ich bin in grose Noth gerathen, die ich dir sogleich anzeigen und klagen muß. Nach deinem Abschied las ich noch in der Elecktra des Sophokles. Die langen Jamben ohne Abschnitt und das sonderbare Wälzen und Rollen des Periods, haben sich mir so eingeprägt daß mir nun die kurzen Zeilen der Iphigenie ganz höckerig, übelklingend und unlesbar werden. Ich habe gleich angefangen die erste Scene umzuändern. Damit ich aber nicht zu weit gehe und Maas und Ziel festgesetzt werde, bitt ich dich etwa um 5 Uhr um eine Lecktion. Ich will zu dir kommen! G.

An Johann Gottfried Herder

Hier lieber Bruder die Iphigenia. Ich schicke sie mit der heut abgehenden Post an Seidel[1] [...].

Du hast nun auch hier einmal wieder mehr was ich gewollt, als was ich gethan habe! Wenn ich nur dem Bilde, das du dir von diesem Kunstwercke machtest, näher gekommen bin. Denn ich fühlte wohl bey deinen freundschafftlichen Bemühungen um dieses Stück, daß du mehr das daran schätztest was es seyn könnte als was es war.

Möge es dir nun harmonischer entgegen kommen. Lies es zuerst als ein ganz neues, ohne Vergleichung, dann halt es mit dem alten zusammen wenn du willst. Vorzüglich bitt ich dich hier und da dem Wohlklange nachzuhelfen. Auf den Blättern die mit resp. Ohren[2] bezeichnet sind, finden sich Verse mit Bleystift angestrichen die mir nicht gefallen und die ich doch jetzt nicht ändern kann. Ich habe mich an dem Stücke so müde gearbeitet. Du verbesserst das mit einem Federzuge. Ich gebe dir volle Macht und Gewalt. Einige halbe Verse habe ich gelaßen, wo sie vielleicht gut thun, auch einige Veränderungen des Sylbenmases mit Fleiß angebracht. Nimm es nun hin und laß ihm deine unermüdliche Gutheit heilsam werden. Lies es mit der Frauen, laß es Fr. v. Stein sehen und gebt euren Segen dazu. Auch wünscht ich daß es Wieland[3] ansähe der zuerst die schlotternde Prosa in einen gemeßnern Schritt richten wollte und mir die Unvollkommenheit des Wercks nur desto lebendiger fühlen ließ. Macht damit was ihr wollt, dann laß es abschreiben und schaff es mit dem übrigen zur rechten Zeit und Stunde an Seidel u.s.w. und verzeih der Plage. Ich bin selbst ein geplagter Fremdling, den nicht die Furien, den die Musen und Grazien und die ganze Macht der seligen Götter mit Erscheinungen überdecken. [...]

Quelle: Goethes Werke, hrsg. im Auftrage der Großherzogin von Sachsen, IV. Abteilung, 4. und 8. Band, Weimar 1889 und 1890.

1 Philipp Seidel (1755–1820): früherer Hauslehrer, später Vertrauter Goethes, diente ihm während seiner Italienreise als Kontaktmann zum Hof und leitete unter anderem seine Briefe weiter

2 resp. Ohren: eingeknickte Ecken

3 Christoph Martin Wieland (1733–1813), Dichter und seit 1772 Erzieher der Söhne der Herzogin Anna Amalia von Weimar

1 Beschreiben Sie Goethes Gedankengang bei der Arbeit an seinem Drama. Inwiefern ist er typisch für den Klassizismus?

2 Vergleichen Sie folgende Auszüge aus den beiden Fassungen hinsichtlich Form und Wirkung:

	Fassung von 1779	**Fassung von 1787**
	IPHIGENIE. Ungern lößt sich die Zunge ein lang verschwiegen Geheimniß zu entdeken. Einmal vertraut, verläst's unwiederbringlich die Tiefe des Herzens und schadet oder nüzt wie es die Götter wollen. Ich bin aus Tantals merkwürdigen Geschlecht.	IPHIGENIE. Vom alten Bande löset ungern sich Die Zunge los, ein lang verschwiegenes Geheimnis endlich zu entdecken. Denn Einmal vertraut, verlässt es ohne Rückkehr Des tiefen Herzens sichre Wohnung, schadet, Wie es die Götter wollen, oder nützt. Vernimm! Ich bin aus Tantalus' Geschlecht. *(V. 300–306)*
formale Gestaltung		
Wirkung		
Fazit		

Ein Autorenporträt deuten

M9

An Charlotte v. Stein, Rom d. 14. Dec. 86.

[...] Ich las Tischbeinen meine Iphigenie vor die nun bald fertig ist. Die sonderbare, originale Art wie dieser das Stück ansah und mich über den Zustand in welchem ich es geschrieben aufklärte, erschröckte mich. Es sind keine Worte wie fein und tief er den Menschen unter dieser Helden Maske empfunden.
[...]

Johann Heinrich Wilhelm Tischbein: Goethe in der Campagna (1787)

Betrachten Sie unter Berücksichtigung der Aussage Goethes vom 14. Dezember 1786 das Gemälde von Johann Heinrich Wilhelm Tischbein:

- Wie wird Goethe dargestellt?
- Inwiefern findet sich im Bild die Handlung von *Iphigenie auf Tauris* wieder?

M 10 Frauenfiguren aus literarischen Werken vergleichen

GEORG BÜCHNER: WOYZECK, 17. SZENE (= H 4,16)

MARIE *(allein, blättert in der Bibel)*

MARIE. Und ist kein Betrug in seinem Munde erfunden. Herrgott! Herrgott! Sieh mich nicht an. *(Blättert weiter.)* Aber die Pharisäer[1] brachten ein Weib zu ihm, im Ehebruch begriffen und stellten sie ins Mittel dar. – Jesus aber sprach: so verdamme ich dich auch nicht. Geh hin und sündige hinfort nicht mehr. *(Schlägt die Hände zusammen.)* Herrgott! Herrgott! Ich kann nicht. Herrgott gib mir nur soviel, dass ich beten kann. *(Das Kind drängt sich an sie.)* Das Kind gibt mir einen Stich ins Herz. Fort! Das brüht sich in der Sonne!

NARR. *(liegt und erzählt sich Märchen an den Fingern).* Der hat die goldne Kron, der Herr König. Morgen hol' ich der Frau Königin ihr Kind. Blutwurst sagt: komm Leberwurst *(er nimmt das Kind und wird still).*

MARIE. Der Franz ist nit gekommen, gestern nit, heut nit, es wird heiß hie. *(Sie macht das Fenster auf.)* Und trat hinein zu seinen Füßen und weinete und fing an seine Füße zu netzen mit Tränen und mit den Haaren ihres Hauptes zu trocknen und küssete seine Füße und salbete sie mit Salben. *(Schlägt sich auf die Brust.)* Alles tot! Heiland, Heiland ich möchte dir die Füße salben.

1 Pharisäer: eine Gruppe im alten Judentum, die das geschriebene Gesetz und die Überlieferungen aufs Strengste beachtete. Ehebrecherinnen müssen in ihren Augen nach dem Gesetz Mose gesteinigt werden.

Vergleichen Sie mithilfe des vorliegenden Dramenauszugs aus Georg Büchners *Woyzeck* und anhand Ihrer Kenntnis der *Iphigenie auf Tauris* beide Dramen hinsichtlich der Sprache und der Figurenzeichnung.

Sicherung eines tieferen Textverständnisses

1 Iphigenie

Die Protagonistin charakterisieren

M11

ARKAS.
Den edeln Stolz, dass du dir selbst nicht g'nügest,
Verzeih ich dir, so sehr ich dich bedaure:
Er raubet den Genuss des Lebens dir.
Du hast hier nichts getan seit deiner Ankunft?
Wer hat des Königs trüben Sinn erheitert?
Wer hat den alten grausamen Gebrauch,
Dass am Altar Dianens jeder Fremde
Sein Leben blutend lässt, von Jahr zu Jahr
Mit sanfter Überredung aufgehalten,
Und die Gefangnen vom gewissen Tod
Ins Vaterland so oft zurückgeschickt? [...]
Das nennst du unnütz? wenn von deinem Wesen
Auf Tausende herab ein Balsam träufelt;
Wenn du dem Volke, dem ein Gott dich brachte,
Des neuen Glückes ew'ge Quelle wirst,
Und an dem unwirtbaren Todesufer
Dem Fremden Heil und Rückkehr zubereitest?

....

IPHIGENIE.
O weh der Lüge! Sie befreiet nicht,
Wie jedes andre wahrgesprochne Wort,
Die Brust; sie macht uns nicht getrost, sie ängstet
Den der sie heimlich schmiedet, und sie kehrt,
Ein losgedruckter Pfeil von einem Gotte
Gewendet und versagend, sich zurück
Und trifft den Schützen. Sorg auf Sorge schwankt
Mir durch die Brust. Es greift die Furie
Vielleicht den Bruder auf dem Boden wieder
Des ungeweihten Ufers grimmig an?

....

PYLADES. So wirst du, reine Seele, dich und uns
Zugrunde richten. Warum dacht ich nicht
Auf diesen Fall voraus und lehrte dich,
Auch dieser Fordrung auszuweichen!

....

IPHIGENIE.
Ich muss ihm folgen: denn die Meinigen
Seh ich in dringender Gefahr. Doch ach!
Mein eigen Schicksal macht mir bang und bänger.
O soll ich nicht die stille Hoffnung retten,
Die in der Einsamkeit ich schön genährt?
Soll dieser Fluch denn ewig walten? Soll
Nie dies Geschlecht mit einem neuen Segen
Sich wieder heben? – Nimmt doch alles ab! [...]
So hofft ich denn vergebens, hier verwahrt,
Von meines Hauses Schicksal abgeschieden,
Dereinst mit reiner Hand und reinem Herzen
Die schwer befleckte Wohnung zu entsühnen.
Kaum wird in meinen Armen mir ein Bruder
Vom grimm'gen Übel wundervoll und schnell
Geheilt; kaum naht ein lang erflehtes Schiff
Mich in den Port der Vaterwelt zu leiten:
So legt die taube Not ein doppelt Laster
Mit eh'rner Hand mir auf: das heilige,
Mir anvertraute, viel verehrte Bild
Zu rauben und den Mann zu hintergehn,
Dem ich mein Leben und mein Schicksal danke.
O dass in meinem Busen nicht zuletzt
Ein Widerwille keime! der Titanen,
Der alten Götter tiefer Hass auf euch,
Olympier, nicht auch die zarte Brust
Mit Geierklauen fasse! Rettet mich,
Und rettet euer Bild in meiner Seele!

....

OREST. [...]
Genieß ich nun durch dich das weite Licht
Des Tages. Schön und herrlich zeigt sich mir
Der Göttin Rat. Gleich einem heil'gen Bilde,
Daran der Stadt unwandelbar Geschick
Durch ein geheimes Götterwort gebannt ist,
Nahm sie dich weg, dich Schützerin des Hauses;

Selbsteinschätzung

Sehnsüchte, Wünsche

Wirkung auf andere

Taten

ihr Halt, ihre Prinzipien

1 Charakterisieren Sie Iphigenie anhand obiger Textstellen und tragen Sie Ihre Ergebnisse in das Schaubild ein.

2 Erarbeiten Sie die Entwicklung Iphigenies anhand folgender Textstellen. Gehen Sie bei der Bestimmung von Iphigenies Position und Eigenständigkeit auch auf sprachliche Besonderheiten ein.

Textstelle	Kontext	Deutung
IPHIGENIE. [...] Und haben kluges Wort mir in den Mund Gegeben, mich gelehrt, was ich dem König Antworte, wenn er sendet und das Opfer Mir dringender gebietet. Ach! ich sehe wohl, Ich muss mich leiten lassen wie ein Kind. *(V. 1 398–1 402)*		
IPHIGENIE *(allein)*. Von dieses Mannes Rede fühl ich mir Zur ungelegnen Zeit das Herz im Busen Auf einmal umgewendet. Ich erschrecke! – [...] Ich horchte nur auf seines Freundes Rat; Nur sie zu retten, drang die Seele vorwärts. Und wie den Klippen einer wüsten Insel Der Schiffer gern den Rücken wendet: so Lag Tauris hinter mir. Nun hat die Stimme Des treuen Manns mich wieder aufgeweckt, Dass ich auch Menschen hier verlasse mich Erinnert. Doppelt wird mir der Betrug Verhasst. O bleibe ruhig, meine Seele! *(V. 1 503–1 526)*		
IPHIGENIE. Die Sorge nenn ich edel, die mich warnt, Den König, der mein zweiter Vater ward, Nicht tückisch zu betrügen, zu berauben. PYLADES. Der deinen Bruder schlachtet, dem entfliehst du. IPHIGENIE. Es ist derselbe, der mir Gutes tat. PYLADES. Das ist nicht Undank, was die Not gebeut. IPHIGENIE. Es bleibt wohl Undank; nur die Not entschuldigt's. PYLADES. Vor Göttern und vor Menschen dich gewiss. IPHIGENIE. Allein mein eigen Herz ist nicht befriedigt. PYLADES. Zu strenge Fordrung ist verborgner Stolz. IPHIGENIE. Ich untersuche nicht, ich fühle nur. *(V. 1 640–1 650)*		
IPHIGENIE *(nach einigem Stillschweigen)*. [...] Allein Euch leg ich's auf die Kniee! Wenn Ihr wahrhaft seid, wie ihr gepriesen werdet; So zeigt's durch euern Beistand und verherrlicht Durch mich die Wahrheit! – Ja, vernimm, o König, Es wird ein heimlicher Betrug geschmiedet; *(V. 1 892–1 920)*		

Fazit

3 Stellen Sie ausgehend von der Zeichnung Iphigenies Konflikt dar, indem Sie die Erwartungen von Thoas, Arkas, Orest und Pylades an sie sowie die Beziehung Iphigenies zu ihnen herausarbeiten.

4 Erläutern Sie unter Beachtung des Kontextes anhand folgender Textstellen Iphigenies Götterbild.

Textstelle	Iphigenies Götterbild
IPHIGENIE. […] Der missversteht die Himmlischen, der sie Blutgierig wähnt; er dichtet ihnen nur Die eignen grausamen Begierden an. Entzog die Göttin mich nicht selbst dem Priester? Ihr war mein Dienst willkommner, als mein Tod. (V. 523–527)	
IPHIGENIE. O dass in meinem Busen nicht zuletzt Ein Widerwillen keime! der Titanen, Der alten Götter, tiefer Hass auf euch, Olympier, nicht auch die zarte Brust Mit Geierklauen fasse! Rettet mich, Und rettet euer Bild in meiner Seele! (V. 1 712–1 717)	Bedeutung des Verses 1 717:

5 Erklären Sie, worin die „unerhörte Tat“ (V. 1 892) besteht. Warum bezeichnet Iphigenie ihr Vorhaben als „ein kühnes Unternehmen“ (V. 1 913)?

Das Geschlechterbild erschließen

M12

So kehr zurück! Tu was dein Herz dich heißt;
Und höre nicht die Stimme guten Rats
Und der Vernunft. Sei ganz ein Weib und gib
Dich hin dem Triebe, der dich zügellos
Ergreift und dahin oder dorthin reißt.
Wenn ihnen eine Lust im Busen brennt,
Hält vom Verräter sie kein heilig Band,
Der sie dem Vater oder dem Gemahl
Aus langbewährten, treuen Armen lockt;
(V. 463–471)

THOAS

Schilt nicht, o König, unser arm Geschlecht.
Nicht herrlich wie die euern, aber nicht
Unedel sind die Waffen eines Weibes.
(V. 481–483)

IPHIGENIE

Aufs Ungehoffte war ich nicht bereitet;
Doch sollt ich's auch erwarten: wusst ich nicht,
Dass ich mit einem Weibe handeln ging?
(V. 478–480)

Wohl uns, dass es ein Weib ist! denn ein Mann,
Der beste selbst, gewöhnet seinen Geist
An Grausamkeit, und macht sich auch zuletzt
Aus dem, was er verabscheut, ein Gesetz,
Wird aus Gewohnheit hart und fast unkenntlich.
Allein ein Weib bleibt stet auf Einem Sinn,
Den sie gefasst. Du rechnest sicherer
Auf sie im Guten wie im Bösen.
(V. 786–793)

O trüg ich doch ein männlich Herz in mir,
Das, wenn es einen kühnen Vorsatz hegt,
Vor jeder andern Stimme sich verschließt!
(V. 1677–1679)

IPHIGENIE

PYLADES

OREST

Gewalt und List, der Männer höchster Ruhm,
Wird durch die Wahrheit dieser hohen Seele
Beschämt, und reines kindliches Vertrauen
Zu einem edeln Manne wird belohnt.
(V. 2142–2145)

Lass ab! beschönige nicht die Gewalt,
Die sich der Schwachheit eines Weibes freut.
Ich bin so frei geboren als ein Mann.
Stünd Agamemnons Sohn dir gegenüber,
Und du verlangtest was sich nicht gebührt:
So hat auch Er ein Schwert und einen Arm,
Die Rechte seines Busens zu verteid'gen.
Ich habe nichts als Worte, und es ziemt
Dem edlen Mann, der Frauen Wort zu achten.
(V. 1856–1864)

1 Analysieren Sie anhand der Textstellen das im Drama enthaltene Frauenbild, indem Sie es vom Männerbild abgrenzen. Gehen Sie dabei auf Verhalten, Handlungsweisen und -möglichkeiten ein.

2 Vergleichen Sie es mit dem Frauenbild, das Goethe in folgender Aussage vertritt: „Die Frauen sind freilich auch das einzige Gefäß, was uns Neueren noch geblieben ist, um unsere Idealität hineinzugießen. Mit den Männern ist nichts zu tun. Im Achill und Odysseus, dem Tapfersten und Klügsten, hat der Homer alles vorweggenommen. [...] Die Frauen sind silberne Schalen, in die wir goldene Äpfel legen. Meine Idee von den Frauen ist nicht von der Wirklichkeit abstrahiert, sondern sie ist mir angeboren, oder in mir entstanden, Gott weiß wie. Meine dargestellten Frauencharaktere sind daher auch alle gut weggekommen; sie sind alle besser, als sie in der Wirklichkeit anzutreffen sind." (Eckermann: Gespräch mit Goethe in den letzten Jahren seines Lebens, 5. Juli 1827)

M13 Eine Interpretation beurteilen

[...] So ist denn auch in der deutschen Literatur- und Theatergeschichte der Name Iphigenie mit der Titelprotagonistin aus Goethes Schauspiel verknüpft. Diese Iphigenie kündet in wohlgesetzten Jamben von der Überwindung der Barbarei durch Humanität. Nicht umsonst gilt sie als Ikone reiner Menschlichkeit und gehört als Idealfigur der deutschen Klassik zum Kanon literarischen Wissens. Dem guten Ruf, der dem Namen Iphigenie durch diese Konnotation vorauseilt, mag man schwerlich etwas entgegensetzen. Und doch: Als Figur, die für die Bühne erschrieben wurde, bleibt die Sendbotin humaner Idealität seltsam blass. Sie entbehrt der kraftvollen Affekte, die wir aus antiken Tragödien und den antikisierenden Dramen späterer Zeiten kennen. Mit den Heroinen, die den dramatischen Konflikt aus dem Repertoire der großen Gefühle mit expressiver Leidenschaftlichkeit hervortreiben, hat sie wenig gemein. „Das Land der Griechen mit der Seele suchend" (V. 12), scheint sie in sentimentalisch-elegischer Grundhaltung ihrer am eigenen Leib erfahrenen gräuelvollen Vorgeschichte seltsam entrückt.

Quelle: Ortrud Gutjahr, Iphigenie: Aulis – Tauris. Das Doppeldrama der Kriegsbraut. Aus: Ortrud Gutjahr (Hrsg.): Iphigenie von Euripides/Goethe. Krieg und Trauma in Nicolas Stemanns Doppelinszenierung am Thalia Theater Hamburg. Reihe: Theater und Universität im Gespräch, Band 7. Königshausen & Neumann, S. 29–54, S. 30.

1 Arbeiten Sie die Thesen von Ortrud Gutjahr zu Charakterisierung und Wirkung der Figur Iphigenie heraus und nehmen Sie zu Ortrud Gutjahrs Position Stellung.

2 Vergleichen Sie Iphigenie mit Prinzessin Natalie von Oranien aus dem Drama *Prinz Friedrich von Homburg* von Heinrich von Kleist hinsichtlich ihrer Entwicklung, ihrer Prinzipien und ihrer Autonomie. *(nur vom Leistungskurs zu bearbeiten)*

2 Orest und Pylades

Den Charakter Orests analysieren

M14

Text 1

Orest. Ich kann nicht leiden, dass du große Seele
Mit einem falschen Wort betrogen werdest.
Ein lügenhaft Gewebe knüpf' ein Fremder
Dem Fremden, sinnreich und der List gewohnt,
Zur Falle vor die Füße; zwischen uns
Sei Wahrheit!
Ich bin Orest! und dieses schuld'ge Haupt
Senkt nach der Grube sich und sucht den Tod;
In jeglicher Gestalt sei er willkommen!
Wer du auch seist, so wünsch ich Rettung dir
Und meinem Freunde; mir wünsch ich sie nicht.
Du scheinst hier wider Willen zu verweilen;
Erfindet Rat zur Flucht und lasst mich hier.

Text 2

Orest. Gut, Priesterin! ich folge zum Altar:
Der Brudermord ist hergebrachte Sitte
Des alten Stammes; und ich danke, Götter,
Dass ihr mich ohne Kinder auszurotten
Beschlossen habt. Und lass dir raten, habe
Die Sonne nicht zu lieb und nicht die Sterne;
Komm, folge mir ins dunkle Reich hinab!

1 Charakterisieren Sie Orest anhand von Textstelle 1.

2 Erläutern Sie anhand von Textstelle 2 sein Götterbild zu Beginn des Dramas. Worauf verweisen die Verse 1 229–1 232?

Orest und Pylades werden Iphigenie vorgeführt
Ausschnitt aus einem Gemälde von Benjamin West (1766)

M15 Eine Illustration zum Drama untersuchen

Am 13. März 1787 schrieb Goethe an Frau von Stein:

„Angelika hat aus meiner *Iphigenie* ein Bild zu malen unternommen; der Gedanke ist sehr glücklich, und sie wird ihn trefflich ausführen. Den Moment, da sich Orest in der Nähe der Schwester und des Freundes wiederfindet. Das, was die drei Personen hintereinander sprechen, hat sie in eine gleichzeitige Gruppe gebracht und jene Worte in Gebärden verwandelt. Man sieht auch hieran, wie zart sie fühlt und wie sie sich zuzueignen weiß, was in ihr Fach gehört. Und es ist wirklich die Achse des Stücks."

Quelle: Johann Wolfgang Goethe: Werke. Band 11. Autobiographische Schriften III. Hamburg 1998. S. 205.

Angelika Kauffmann: Iphigenie, Orest, Pylades (1787)

Ordnen Sie das Bild einer Szene des Dramas zu und erläutern Sie Goethes Beurteilung dieser Szene.

M16 Orests Katharsis untersuchen

OREST *(zu Iphigenien).*
Lass mich zum ersten Mal mit freiem Herzen
In deinen Armen reine Freude haben!
Ihr Götter, die mit flammender Gewalt
Ihr schwere Wolken aufzuzehren wandelt,
Und gnädig-ernst den lang erflehten Regen
Mit Donnerstimmen und mit Windesbrausen
In wilden Strömen auf die Erde schüttet;
Doch bald der Menschen grausendes Erwarten
In Segen auflöst und das bange Staunen
In Freudeblick und lauten Dank verwandelt,
Wenn in den Tropfen frischerquickter Blätter
Die neue Sonne tausendfach sich spiegelt
Und Iris freundlich bunt mit leichter Hand
Den grauen Flor der letzten Wolken trennt;
O lasst mich auch an meiner Schwester Armen,
An meines Freundes Brust, was ihr mir gönnt

Mit vollem Dank genießen und behalten.
Es löset sich der Fluch, mir sagt's das Herz.
Die Eumeniden ziehn, ich höre sie,
Zum Tartarus und schlagen hinter sich
Die eh'rnen Tore fernabdonnernd zu.
Die Erde dampft erquickenden Geruch
Und ladet mich auf ihren Flächen ein,
Nach Lebensfreud und großer Tat zu jagen.

Deuten Sie in Stichworten neben dem Text die unterstrichenen Passagen hinsichtlich der Katharsis des Orest.

info

Katharsis

Die Katharsis war ein zentrales Element in der Dramentheorie des Aristoteles. Sie zielt auf die Reinigung und Läuterung der Seele von Leidenschaften sowie die Befreiung von seelischen Konflikten und inneren Spannungen ab.

Die Funktion der Pylades-Figur erläutern

M17

PYLADES. Ich bin noch nicht, Orest, wie du bereit,
In jenes Schattenreich hinabzugehn.

....

PYLADES. Die Götter rächen
Der Väter Missetat nicht an dem Sohn;
Ein jeglicher, gut oder böse, nimmt
Sich seinen Lohn mit seiner Tat hinweg.
Es erbt der Eltern Segen, nicht ihr Fluch.

....

OREST. Ich hör Ulyssen reden.
PYLADES. Spotte nicht.
Ein jeglicher muss seinen Helden wählen,
Dem er die Wege zum Olymp hinauf
Sich nacharbeitet. Lass es mich gestehn:
Mir scheint List und Klugheit nicht den Mann
Zu schänden, der sich kühnen Taten weiht.

PYLADES.
Versäumt die Zeit nicht, die gemessen ist!
Der Wind der unsre Segel schwellt, er bringe
Erst unsre volle Freude zum Olymp.
Kommt! Es bedarf hier schnellen Rat und Schluss.

....

IPHIGENIE.
O segnet, Götter, unsern Pylades
Und was er immer unternehmen mag!
Er ist der Arm des Jünglings in der Schlacht,
Des Greises leuchtend Aug in der Versammlung:
Denn seine Seel ist stille; sie bewahrt
Der Ruhe heil'ges unerschöpftes Gut,
Und den Umhergetriebnen reichet er
Aus ihren Tiefen Rat und Hülfe. [...]

Pylades wird oft als Gegenfigur zu Orest gedeutet. Überprüfen Sie diese Interpretation anhand obiger Verse und Ihrer Kenntnis der Orest-Figur.

3 Thoas

M 18 Die Entwicklung von Thoas erarbeiten

Text 1

ARKAS. Ich sage dir, es liegt in deiner Hand.
Des Königs aufgebrachter Sinn allein
Bereitet diesen Fremden bittern Tod.
Das Heer entwöhnte längst vom harten Opfer
Und von dem blut'gen Dienste sein Gemüt.

Text 2

THOAS *(allein)*.
Entsetzlich wechselt mir der Grimm im Busen;
Erst gegen sie, die ich so heilig hielt;
Dann gegen mich, der ich sie zum Verrat
Durch Nachsicht und durch Güte bildete.
Zur Sklaverei gewöhnt der Mensch sich gut
Und lernet leicht gehorchen, wenn man ihn
Der Freiheit ganz beraubt. Ja, wäre sie
In meiner Ahnherrn rohe Hand gefallen,
Und hätte sie der heil'ge Grimm verschont:
Sie wäre froh gewesen, sich allein
Zu retten, hätte dankbar ihr Geschick
Erkannt und fremdes Blut vor dem Altar
Vergossen, hätte Pflicht genannt
Was Not war. Nun lockt meine Güte
In ihrer Brust verwegnen Wunsch herauf.
Vergebens hofft ich, sie mir zu verbinden;
Sie sinnt sich nun ein eigen Schicksal aus.
Durch Schmeichelei gewann sie mir das Herz;
Nun widersteh ich der: so sucht sie sich
Den Weg durch List und Trug, und meine Güte
Scheint ihr ein alt verjährtes Eigentum.

1 Bewerten Sie Thoas' Motive für die Wiedereinführung des Menschenopfers. Berücksichtigen Sie dabei die Aussage seines Vertrauten Arkas (Text 1).

2 Nach Aufdeckung der List der Griechen reflektiert Thoas über Iphigenies und sein Verhalten (Text 2):

- Inwiefern verändert sich sein Bild von Iphigenie?
- Zu welchen Erkenntnissen kommt er?

3 Deuten Sie folgende Aussage Thoas' hinsichtlich des Selbstverständnisses der Griechen: „Du glaubst, es höre / Der rohe Skythe, der Barbar, die Stimme / Der Wahrheit und der Menschlichkeit, die Atreus, / Der Grieche, nicht vernahm?" (V. 1936–1939)

4 Am Ende des Dramas lässt Thoas sich auf eine Verhandlung ein und steht zu seinem zuvor Iphigenie gegebenen Versprechen: „Wenn du nach Hause Rückkehr hoffen kannst, / So sprech ich dich von aller Fordrung los" (V. 293 f.). Bewerten Sie sein Verhalten unter Beachtung seiner Darstellung im gesamten Drama.

5 Welche Bedeutung hat am Ende des Dramas Orests Erkenntnis darüber, wen der Orakelspruch mit „Schwester" meint?

6 Vergleichen Sie anhand der Fotos von zwei Iphigenie-Inszenierungen die Darstellung des Thoas. Welches Kostüm erscheint Ihnen passender?

Den Kontext erschließen

1 Literaturgeschichtlicher Kontext

M19 Das Drama in Bezug zur Aufklärung setzen

Zentrale Forderungen der Aufklärung waren die Überwindung von Vorurteilen, die Überprüfung überkommener Werte und Konventionen, die Selbstbestimmung und Mündigkeit des Menschens. Hierbei wurde besonders der Gebrauch der Vernunft betont. Immanuel Kant (1724 –1804) sah in der Aufklärung einen unabhängig von der Epoche geltenden zeitlosen Wert, nämlich den „Ausgang des Menschen aus seiner selbstverschuldeten Unmündigkeit" durch den Gebrauch seines Verstandes und durch selbstverantwortetes Handeln. Der Philosoph war seit 1770 als Professor in Königsberg tätig, sein Aufsatz „Beantwortung der Frage: Was ist Aufklärung?" erschien 1784.

Immanuel Kant: Beantwortung der Frage: Was ist Aufklärung? (1784)

1 Aufklärung ist der Ausgang des Menschen aus seiner selbstverschuldeten Unmündigkeit. Unmündigkeit ist das Unvermögen, sich seines Verstandes ohne Leitung eines anderen zu bedienen. Selbstverschuldet ist diese Unmündigkeit, wenn die Ursache derselben nicht am Mangel des Verstandes, sondern der Entschließung und des Mutes liegt, sich seiner ohne Leitung eines andern zu bedienen. Sapere aude! Habe Mut, dich deines eigenen Verstandes zu bedienen! ist also der Wahlspruch der Aufklärung.

Faulheit und Feigheit sind die Ursachen, warum ein so großer Teil der Menschen, nachdem sie die Natur längst von fremder Leitung freigesprochen (naturaliter maiorennes), dennoch gerne zeitlebens unmündig bleiben; und warum es anderen so leicht wird, sich zu deren Vormündern aufzuwerfen. Es ist so bequem, unmündig zu sein. Habe ich ein Buch, das für mich Verstand hat, einen Seelsorger, der für mich Gewissen hat, einen Arzt, der für mich die Diät beurteilt usw., so brauche ich mich ja nicht selbst zu bemühen. Ich habe nicht nötig zu denken, wenn ich nur bezahlen kann; andere werden das verdrießliche Geschäft schon für mich übernehmen. Daß der bei weitem größte Teil der Menschen (darunter das ganze schöne Geschlecht) den Schritt zur Mündigkeit, außer dem daß er beschwerlich ist, auch für sehr gefährlich halte, dafür sorgen schon jene Vormünder, die die Oberaufsicht über sie gütigst auf sich genommen haben. Nachdem sie ihr Hausvieh zuerst dumm gemacht haben und sorgfältig verhüteten, daß diese ruhigen Geschöpfe ja keinen Schritt außer dem Gängelwagen, darin sie sie einsperreten, wagen durften, so zeigen sie ihnen nachher die Gefahr, die ihnen drohet, wenn sie es versuchen, allein zu gehen. Nun ist diese Gefahr zwar eben so groß nicht, denn sie würden durch einigemal Fallen wohl endlich gehen lernen; allein ein Beispiel von der Art macht doch schüchtern und schreckt gemeiniglich von allen ferneren Versuchen ab.

Es ist also für jeden einzelnen Menschen schwer, sich aus der ihm beinahe zur Natur gewordenen Unmündigkeit herauszuarbeiten. Er hat sie sogar liebgewonnen und ist vorderhand wirklich unfähig, sich seines eigenen Verstandes zu bedienen, weil man ihn niemals den Versuch davon machen ließ. Satzungen und Formeln, diese mechanischen Werkzeuge eines vernünftigen Gebrauchs oder vielmehr Mißbrauchs seiner Naturgaben, sind die Fußschellen einer immerwährenden Unmündigkeit. Wer sie auch abwürfe, würde dennoch auch über den schmalesten Graben einen nur unsicheren Sprung tun, weil er zu dergleichen freier Bewegung nicht gewöhnt ist. Daher gibt es nur wenige, denen es gelungen ist, durch eigene Bearbeitung ihres Geistes sich aus der Unmündigkeit herauszuwickeln und dennoch einen sicheren Gang zu tun.

Daß aber ein Publikum sich selbst aufkläre, ist eher möglich; ja es ist, wenn man ihm nur Freiheit läßt, beinahe unausbleiblich. Denn da werden sich immer einige Selbstdenkende, sogar unter den eingesetzten Vormündern des großen Haufens finden, welche, nachdem sie das Joch der Unmündigkeit selbst abgeworfen haben, den Geist einer vernünftigen Schätzung des eigenen Werts und des Berufs jedes Menschen, selbst zu denken, um sich verbreiten werden. Besonders ist hiebei: daß das Publikum, welches zuvor von ihnen unter dieses Joch gebracht worden, sie hernach selbst zwingt, darunter zu bleiben, wenn es von einigen seiner Vormünder, die selbst aller Aufklärung unfähig sind, dazu aufgewiegelt worden; so schädlich ist es, Vorurteile zu pflanzen, weil sie sich zuletzt an denen selbst rächen, die oder deren Vorgänger ihre Urheber gewesen sind. Daher kann ein Publikum nur langsam zur Aufklärung gelangen. Durch eine Revolution wird vielleicht wohl ein Abfall von persönlichem Despotism und gewinnsüchtiger oder herrschsüchtiger Bedrückung, aber niemals wahre Reform der Denkungsart zustande kommen; sondern neue Vorurteile werden, ebensowohl als die alten, zum Leitbande des gedankenlosen großen Haufens dienen.

Zu dieser Aufklärung aber wird nichts erfordert als Freiheit; und zwar die unschädlichste unter allem, was nur Freiheit heißen mag, nämlich die: von seiner Vernunft in allen Stücken öffentlichen Gebrauch zu machen.

[...]

Quelle: Kant, Immanuel: Sämtliche Werke. Hrsg. v. Karl Rosenkranz und Friedr. Wilh. Schubert. Siebenten Theils Erste Abteilung. Leipzig 1838. S.145ff.

1 Unterstreichen Sie die Passagen, in denen Kant erläutert, warum er die Unmündigkeit als selbstverschuldet ansieht.

2 Beschreiben Sie den Prozess der Aufklärung.

3 Überprüfen Sie, ob Iphigenie und Thoas aufgeklärte Charaktere im Sinne Kants sind.

Positionen der Klassik mit dem Drama vergleichen **M 20**

Zentrale Begriffe der Klassik waren Freiheit, Autonomie und Humanität. Vorbilder fand man u. a. in der griechischen Kunst. Der Mensch wurde in seiner Gottähnlichkeit gesehen, die Götter wurden humanisiert. Gewalt zur Selbstverwirklichung wurde abgelehnt, gefordert wurde die Veredelung des Menschen, seine sittliche Vervollkommnung. In allem suchte man einen Ausgleich zwischen Extremen, z.B. zwischen Verstand und Gefühl, dem Anspruch der Gesellschaft und dem Recht des Einzelnen. Johann Gottfried Herder (1744–1803) war Schriftsteller, Theologe und Philosoph. Als er in Königsberg studierte, wurde er von Kant gefördert und beeinflusst. 1776 vermittelte ihm der fünf Jahre jüngere Goethe, den er 1770 in Straßburg kennengelernt hatte, eine Stelle als Generalsuperintendent und Hofprediger in Weimar. Seine 124 fiktiven „Briefe zur Beförderung der Humanität" verfasste er in zehn Sammlungen in den Jahren 1793–97.

Johann Gottfried Herder: Briefe zur Beförderung der Humanität. 27. Brief (1794)

Sie fürchten, daß man dem Wort Humanität einen Fleck anhängen werde; könnten wir nicht das Wort ändern? *Menschheit, Menschlichkeit, Menschenrechte, Menschenpflichten, Menschenwürde, Menschenliebe?*

Menschen sind wir allesamt und tragen sofern die *Menschheit* an uns, oder wir gehören zur *Menschheit.* Leider aber hat man in unserer Sprache dem Wort *Mensch* und noch mehr dem barmherzigen Wort *Menschlichkeit* so oft eine Nebenbedeutung von Niedrigkeit, Schwäche und falschem Mitleid angehängt, daß man jenes nur mit einem Blick der Verachtung, dies mit einem Achselzucken zu begleiten gewohnt ist. *„Der Mensch!"* sagen wir jammernd oder verachtend und glauben einen guten Mann aufs lindeste mit dem Ausdruck zu entschuldigen, „es habe ihn die *Menschlichkeit* übereilet". Kein Vernünftiger billigt es, daß man den Charakter des Geschlechts, zu dem wir gehören, so barbarisch hinabgesetzt hat; man hat hiemit unweiser gehandelt, als wenn man den Namen seiner Stadt oder Landsmannschaft zum Ekelnamen machte. Wir also wollen uns hüten, daß wir zu Beförderung solcher *Menschlichkeit* keine Briefe schreiben.

Der Name *Menschenrechte* kann ohne *Menschenpflichten* nicht genannt werden; beide beziehen sich aufeinander, und für beide suchen wir *ein* Wort.

So auch *Menschenwürde* und *Menschenliebe.* Das Menschengeschlecht, wie es jetzt ist und wahrscheinlich lange noch sein wird, hat seinem größesten Teil nach keine Würde; man darf es eher bemitleiden als verehren. Es soll aber zum *Charakter seines Geschlechts,* mithin auch zu dessen *Wert* und *Würde* gebildet werden. Das schöne Wort *Menschenliebe* ist so trivial worden, daß man meistens die Menschen liebt, um keinen unter den Menschen wirksam zu lieben. Alle diese Worte enthalten Teilbegriffe unseres Zwecks, den wir gern mit *einem* Ausdruck bezeichnen möchten.

Also wollen wir bei dem Wort *Humanität* bleiben, an welches unter Alten und Neuern die besten Schriftsteller so würdige Begriffe geknüpft haben. Humanität ist der *Charakter unsres Geschlechts;* er ist uns aber nur in Anlagen angeboren und muß uns eigentlich angebildet werden. Wir bringen ihn nicht fertig auf die Welt mit; auf der Welt aber soll er das Ziel unsres Bestrebens, die Summe unsrer Übungen, unser Wert sein; denn eine *Angelität*[1] im Menschen kennen wir nicht, und wenn der Dämon, der uns regiert, kein humaner Dämon ist, werden wir Plagegeister der Menschen. Das Göttliche in unserm Geschlecht ist also *Bildung zur Humanität;* alle großen und guten Menschen, Gesetzgeber, Erfinder, Philosophen, Dichter, Künstler, jeder edle Mensch in seinem Stande, bei der Erziehung seiner Kinder, bei der Beobachtung seiner Pflichten, durch Beispiel, Werk, Institut und Lehre hat dazu mitgeholfen. Humanität ist der Schatz und die Ausbeute aller menschlichen Bemühungen, gleichsam die *Kunst unsres Geschlechtes.* Die Bildung zu ihr ist ein Werk, das unablässig fortgesetzt werden muß, oder wir sinken, höhere und niedere Stände, zur rohen Tierheit, zur *Brutalität* zurück. [...]

Quelle: Johann Gottfried Herder, Briefe zur Beförderung der Humanität. 2 Bände. Hrsg. von Heinz Stolpe. Berlin und Weimar 1971. Band 1. S. 139–141.

1 Engelhaftigkeit

1 Markieren Sie im Text Herders Gründe, am Begriff „Humanität" festzuhalten.

2 Definieren Sie Humanität im Sinne Herders.

____

____

____

____

____

____

3 Untersuchen Sie, inwiefern das Drama *Iphigenie auf Tauris* Gefahren und Möglichkeiten der Bildung zur Humanität aufzeigt. Beziehen Sie Iphigenies Worte aus V. 1 939 ff. mit ein: „Es hört sie [= die Stimme der Wahrheit] jeder, / Geboren unter jedem Himmel, dem / Des Lebens Quelle durch den Busen rein / Und ungehindert fließt."

2 Kritische Betrachtung der Lösung im Drama

Goethes Drama mit seiner Vorlage vergleichen

M 21

Euripides: Iphigenie bei den Taurern (um 412 v. Chr.); Zusammenfassung des Schlusses

EXODUS[1]

Ein Bote tritt auf: Er teilt Thoas den Verrat mit und erzählt ihm, dass die geplante Flucht ohnehin misslungen ist, da das Schiff der Griechen ans Ufer zurückgetrieben worden ist. Der erzürnte König ruft zur sofortigen Verfolgung der Verräter auf, doch gebietet ihm die Göttin Athene unvermittelt Einhalt: Sie befiehlt, die gefangenen Tempeldienerinnen ebenfalls heimzuschicken. Den Flüchtlingen, die mit ihrer Hilfe nun doch in See stechen können, trägt sie Folgendes auf: Orestes soll in der Heimat einen Tempel für die Artemis Tauropolis errichten. Dort soll Iphigenie weiterhin das Amt der Priesterin ausüben und keine Blutopfer mehr vollziehen. Der Taurerkönig fügt sich dem Götterspruch, und die Griechinnen beginnen einen Lobgesang auf Athene.

1 Exodus: ursprünglich das Schluss- und Abzugslied des Chores, dann allgemein der Schlussteil des griechischen Dramas mit der Katastrophe oder dem entscheidenden Wendepunkt mit der Lösung des Konflikts

1 Vergleichen Sie das Ende von Euripides' *Iphigenie bei den Taurern* mit dem Ende von Goethes Drama bezüglich der Figurenzeichnung und der Art der Konfliktlösung.

2 Erklären Sie die Bezeichnung „dea ex machina".

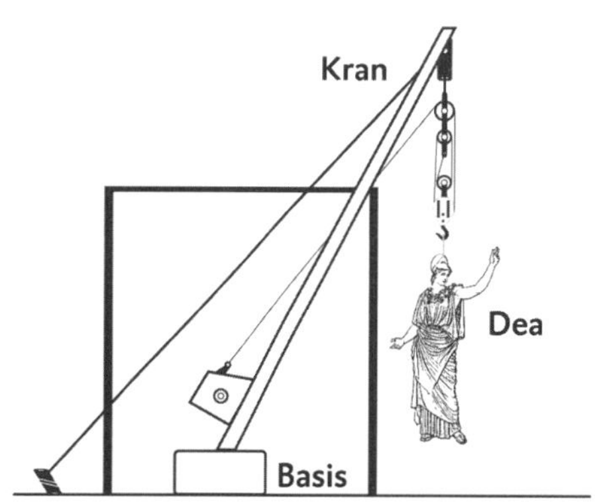

M 22 Zu einer Interpretation Stellung nehmen

[...] Auffallend und bedenkenswert ist, daß im Finale der *Iphigenie* der König, von dem doch alles abhängt, mehr und mehr verstummt. Auf den letzten beiden Seiten hören wir aus seinem Munde ganze vier Wörter, die zusammen nicht einmal einen halben Vers bilden, während Orest und Iphigenie ihre Humanitätsbotschaft in fast 70 Versen verkündigen dürfen. Dieses Verstummen ermöglicht viele Spekulationen. Raubt der Schmerz Thoas die Sprache, oder verhält er sich nur aus Trotz und Verbitterung reserviert [...]? Was in ihm vorgeht, können wir nur ahnen – eines freilich ist gewiß: er bleibt innerlich zerrüttet zurück. [...] Die Tatsache ist nicht zu beschönigen, „daß der Skytenkönig, der real weit edler sich verhält als seine edlen Gäste, allein, verlassen übrig ist. ... Er darf, eine Sprachfigur Goethes anzuwenden, an der höchsten Humanität nicht teilhaben, verurteilt, deren Objekt zu bleiben, während er als ihr Subjekt handelte.“[1] [...]

Daß die Grenzen der Humanität Goethe nicht verborgen geblieben sind, zeigt die nicht befriedete Opposition der Titanen und großen Frevler im Tartaros[2]; das Opfer der Humanität aber deutet die Schlußszene an. Thoas redet einmal von der Raubgier der vermeintlich zivilisierten Hellenen: „Der Grieche wendet oft sein lüstern Auge / Den fernen Schätzen der Barbaren zu“ und sucht diese mit „Gewalt und List“ heimzuführen (Vs. 2 102 ff.). Was der König von griechischer Humanität hält, zeigte schon seine bitter ironische Reaktion auf Iphigenies Appell an seine Menschlichkeit in den Versen 1 937 ff.: „Du glaubst, es höre / Der rohe Skythe, der Barbar, die Stimme / Der Wahrheit und der Menschlichkeit, die Atreus, / Der Grieche, nicht vernahm?“ [...]

Daß „Gewalt und List“, von denen Thoas oben spricht, auch die ursprünglichen Mittel der Griechen Orest und Pylades gewesen sind, daß jene erst durch Iphigenies Friedens- und Wahrheitstat nach Orests Worten „beschämt“ wurden (Vs. 2 144), ist trotz der fehlenden Raubgier nicht zu bestreiten. Und nun lassen die Griechen Thoas doch in gewisser Hinsicht ‚beraubt‘ zurück, kehren, edle Worte auf der Zunge und eine Humanität im Herzen, die sie nichts mehr kostet, für die nur Thoas das Opfer zu bringen hat, nach Griechenland heim. Die humane Überredungskunst in Iphigenies Worten: „Du hast nicht oft / Zu solcher edeln Tat Gelegenheit“ (Vs. 2 148 f.) – versäume diese einmalige Gelegenheit also nicht, dann wirst du durch das Bewußtsein deiner Humanität belohnt werden! – hat nicht nur leicht gönnerhafte Untertöne, sondern bei aller Menschlichkeit auch etwas unsäglich Grausames.

Aus: Dieter Borchmeyer, Johann Wolfgang von Goethe: Iphigenie auf Tauris. In: Harro Müller-Michaels (Hrsg.), Deutsche Dramen. Interpretationen. Band 1: Von Lessing bis Grillparzer. Königstein: Athenäum ²1985, S. 52–86, S. 79–80.

1 Theodor W. Adorno: Zum Klassizismus von Goethes *Iphigenie*. In: Noten zur Literatur IV. Frankfurt a. M. 1974, S. 7–33, S. 26.

2 In Orests Vision wird Tantalus seine Urschuld nicht erlassen, während allen anderen Tantaliden ihre Erbschuld vergeben wird und sie in Eintracht in der Unterwelt leben.

1 Unterstreichen Sie im Text die Kritikpunkte Dieter Borchmeyers am Ausgang des Dramas.

2 Nehmen Sie Stellung zur Position Borchmeyers. Belegen Sie Ihre Meinung mit Zitaten aus dem Primärtext.

____

____

____

____

____

____

____

____

3 Erläutern Sie, warum das Ende des Dramas immer wieder als Utopie bezeichnet wird.

4 Nehmen Sie Stellung zu folgender Aussage: „Das Ende in *Iphigenie* ist keine Utopie – dies erkennt man zum Beispiel am Dalai Lama, der in unserer Gegenwart Humanität im Sinne Iphigenies lebt.“

info

Dalai Lama

Sein Kampf für Gewaltlosigkeit, die Beharrlichkeit und das Werben für Aussöhnung brachten dem 14. Dalai Lama, dem religiösen Oberhaupt der Tibeter, nicht nur den Friedensnobelpreis, sondern auch zahlreiche andere Auszeichnungen ein. Seine enorme Beliebtheit bei den Menschen hat jedoch einen viel einfacheren Grund: sein Lächeln. Kaum ein Bild des 75-Jährigen, auf dem er sein Gegenüber nicht mit einem freundlichen Gesicht begegnet. Der „Ozean der Weisheit“, wie ihn die Tibeter nennen, ist ein Staatsoberhaupt ohne Land. Er steht der tibetischen Exilregierung vor, die nach seiner Flucht 1959 im indischen Dharamsala gegründet wurde. Sein Versuch, die kulturelle und religiöse Eigenständigkeit seines Landes auch unter chinesischer Vorherrschaft zu sichern, war gescheitert. Das kommunistische China, das 1950 in Tibet einmarschiert war, hatte den Tibetern im sogenannten 17-Punkte-Abkommen die weitgehende Autonomie in religiöser und kultureller Hinsicht zugebilligt und für sich offiziell nur die Vertretung nach außen in Anspruch genommen. Der Dalai Lama rechtfertigte seine Unterschrift unter das Papier damit, sein Land vor der totalen Zerstörung schützen zu wollen. Doch schon bald schlug ihm aus Peking offene Feindseligkeit entgegen. Das Abkommen entpuppte sich als wertlos. Der Tibet-Konflikt ist keine nationale Frage, sondern eine kulturelle. So geht es dem Dalai Lama nicht zwangsläufig darum, einen eigenständigen Staat Tibet auszurufen. Er will die kulturelle Vernichtung seines Volkes aufhalten – unter welcher Staatsflagge ist zweitrangig.

Quelle: dpa/dapd/AFP; Titel: Friedensnobelpreis 1989: Dalai Lama; aus: FOCUS Online vom 08.10.2010;
Link zum Artikel: http://www.focus.de/politik/ausland/tid-20029/friedensnobelpreis-1989-dalai-lama_aid_559933.html

3 Rezeption und Aktualität

M23 Kritiken zum Drama untersuchen und bewerten

Johann Jakob Bodmer an Christoph Heinrich Myller. Zürich, 5. März 1782.

Man hat hier ein Trauerspiel von Goethe im Manuskript, das euripidisch sein soll, Iphigenie in Tauris. Iphigenie tritt in der ersten Szene auf und erzählt sich selbst ihre Geschichte in einem Soliloquio[1]. Die Personen reden in Sentenzen zur Zeit und zur Unzeit, und sie kleiden die geläufigsten Lebensregeln in Sprüche. Wenn Orestes Iphigenie sagt, daß er ihr Bruder sei, so macht sie Betrachtungen über die verflochtenen Wege des Schicksals [...] und hat die Gewalt über sich, daß sie ihm nicht in die Arme springt. Thoas kömmt in Wut, und wird durch Raisonnements[2] besänftigt. Das dénouement[3] entsteht durch Raisonnements. Es fehlt überall an Ausführung und Ausbildung. Durchgehends herrscht in dem Stil eine Art von Phöbus[4], die aufgelöst Dunst oder Falschheit wird.

Ich bin unglücklich, daß ich Goethens Iphigenie für schlechter als das schlechteste unter Senecas[5] Trauerspielen halte. Es tut wohl, daß er sie dem Publico[6] vorenthält. Welcher Stolz, nur für einen Teil der Nation schreiben zu wollen, den man sich, sagt man, gebildet hat.

1 Soliloquio: Monolog
2 Raisonnement: Überlegung, Argumentation
3 dénouement: Lösung des Konflikts im Drama
4 Phöbus: Schwulst
5 Lucius Annaeus Seneca: röm. Philosoph, 1. Jh. n. Chr.
6 Publico: Öffentlichkeit

Justus Möser an seine Tochter Jenny von Voigts. 20. Juli 1782.

Es ist nach meiner Empfindung eine so genaue griechische Sitte, Tugend und Denkungsart drinne, daß ich mich erst einige Zeit wieder in dem alten Griechenlande aufhalten müßte, um den wahren Wert davon zu fühlen und darnach zu urteilen. Die Verbindung des Simpeln und Hohen, des Wahren und Großen, sowohl in den Taten als in den Gedanken, die Herr Goethe so glücklich getroffen hat, habe ich beim Durchlesen heftig gefühlet, aber ich vermag sie so wenig deutlich zu denken als auszudrücken. [...] Ich zweifle indessen doch, daß die Iphigenie bei der Vorstellung unser deutsches Publikum rühren werde. Dieses ist zu sehr von jenen Zeiten entfernt und durch die französische Zärtlichkeit zu verwöhnt, um sich zu ihr hinaufempfinden zu können. Es scheint mir durchaus ein Stück für Kenner zu sein, und wie wenige gibt es derer?

1 Vergleichen Sie die Bewertungen zweier Zeitgenossen Goethes.

2 Erläutern Sie, welche Ihnen mehr aus dem Herzen spricht.

Eine parodistische Nacherzählung analysieren

M 24

<Iphigenie auf Tauris> (I-fi-genie!!) ist die Story einer Frau, die kein Blut sehen kann. Schon gar nicht das eigene. Obwohl Iphigenie Griechin ist, lebt sie im Inselreich Tauris sozusagen in der Emigration, und das hat einen vernünftigen Grund. Als ihr Vater, der Griechen-König Agamemnon („Angenommen“ ist *immer* ein Druckfehler!) gegen Troja losmarschierte, sollte sie auf dem Opferstock getötet werden, was damals noch für gutes Wetter sorgte. Davon hielt sie nichts, und deshalb ist sie abgehauen. Aber sie hat mehrere Fehler, an denen sie letztlich scheitert. Daß sie dauernd Heimweh hat, wäre noch verzeihlich, doch sie leistet sich auch noch Grundsätze.

Obgleich der Taurier-König Thoas, bei dem sie eine Planstelle hat, ein ganz netter Mensch ist, lehnt sie ab, als er sie heiraten will. Verständlicherweise ist Thoas gekränkt, und aus Wut will er die alten Menschenopfer wieder einführen, die Iphigenie abgeschafft hat. Als erstes soll sie zwei Fremde ins Jenseits befördern, die nach Tauris gekommen sind: ihren Bruder Orest und seinen Freund Pylades. Nach den Erfahrungen, die sie mit Griechen, besonders mit der eigenen Familie, gemacht hat, müsste ihr das Opfermesser in diesem Fall normalerweise locker in der Scheide sitzen, aber Orest hat inzwischen den König Agamemnon umgebracht, und das lässt sie zögern. Eigentlich könnte sie jetzt wieder zurück nach Griechenland, und prompt schmieden die drei Griechen den Plan gemeinsamer Flucht. Die würde auch problemlos über die Bühne gehen, hätte Iphigenie nicht (neben Heimweh und Schlacht-Hemmung) einen dritten Fehler: Ehrlichkeit! – Sie gesteht dem Taurier-König Thoas den Fluchtplan, und der tobt vor Wut, ist dann über diese Blödheit so entsetzt, dass er die drei Griechen so schnell wie möglich loswerden will und froh ist, als auch Iphigenie die Koffer packt. Schaudernd denkt er daran, dass er sie um ein Haar geheiratet hätte.

Kurztext für Nervöse: Griechische Emigrantin vermasselt sich durch falsche Grundsätze Heirat mit wohlhabendem König.

Für Gebildete: Der Stoff gehört zur griechischen Orest-Sage, an der sich schon Aischylos, Sophokles und Euripides versucht hatten. Goethe schlachtete das Stück von Euripides aus, spielte bei der Aufführung der ersten Fassung seines Stückes den Orest, bastelte dann weiter dran herum, bis er es endlich geschafft hatte, die Götter (die bei Euripides noch auf die Bühne kommen) ins Innenleben seiner Helden zu schieben, was die Zahl der für das Stück benötigten Schauspieler verringert.

Zitierfähiges: „Ein unnütz Leben ist ein früher Tod.“ – „Ein edler Mann wird durch ein gutes Wort der Frauen weit geführt.“ (?) – „Du sprichst ein großes Wort gelassen aus.“ – „Es fürchte die Götter / Das Menschengeschlecht.“ – „Wohl dem, der seiner Väter gern gedenkt.“ (Besonders, wenn sie ihn schlachten wollen!).

Aus: Wolfgang Körner: Der einzig wahre Schauspielführer. Das klassische Erbe. Reinbek bei Hamburg: Rowohlt 1986. S. 31 f.

1 Erklären Sie, worin sich die vorliegende Zusammenfassung von anderen unterscheidet. Achten Sie hierbei auch auf die Sprache.

2 Korrigieren Sie folgende Aussagen des *Einzig wahren Schauspielführers* und erklären Sie die Wirkung der Verzerrung der Dramenhandlung.

Textstelle	Geschehen im Originaltext	Wirkung der Darstellung
Als ihr Vater, der Griechen-König Agamemnon [...] gegen Troja losmarschierte, sollte sie auf dem Opferstock getötet werden, was damals noch für gutes Wetter sorgte. (Z. 5–9)		
Davon hielt sie nichts, und deshalb ist sie abgehauen. (Z. 10f.)		
Nach den Erfahrungen, die sie mit Griechen, besonders mit der eigenen Familie, gemacht hat, müsste ihr das Opfermesser in diesem Fall normalerweise locker in der Scheide sitzen, aber Orest hat inzwischen den König Agamemnon umgebracht, und das lässt sie zögern. (Z. 23–28)		
Sie gesteht dem Taurier-König Thoas den Fluchtplan, und der tobt vor Wut, ist dann über diese Blödheit so entsetzt, dass er die drei Griechen so schnell wie möglich loswerden will und froh ist, als auch Iphigenie die Koffer packt. (Z. 33–38)		
Griechische Emigrantin vermasselt sich durch falsche Grundsätze Heirat mit wohlhabendem König. (Z. 40ff.)		

3 Erklären Sie, inwiefern der Verfasser auch bei der Wiedergabe der Zitate (Z. 53–59) kommentiert.

Schritt für Schritt zur Klausur

Musterklausur 1
Argumentative Entfaltung eines fachspezifischen Sachverhalts bzw. Problems im Anschluss an die eingeschränkte Analyse einer Textvorlage

Hermann Glaser, Jakob Lehmann, Arno Lubos: Klassik

Der Ausdruck der Klassik will besagen, dass hier das dichterische Bemühen um etwas Musterhaftes, Vorbildliches den Stand hoher Vollendung erreichte. Die „Rückkehr zur Antike" – aus demselben Grund (zuerst von Johann Joachim Winckelmann) propagiert – trat demgegenüber zurück. In der Klassik erscheint der Mensch unter dem Anspruch von Freiheit und Humanität in seiner Gottähnlichkeit, als höchstes der natürlichen Lebewesen, als „schöne Seele". Dies hohe Ziel konnte nur von Dichtern erreicht werden, die durch die Weite, Tiefe und Kraft künstlerischer Genialität ausgezeichnet waren; sie fanden sich in Johann Wolfgang Goethe und Friedrich Schiller. Beide führten fort, was in den vorangegangenen Epochen schon vorbereitet worden war: den Entwicklungsgedanken Lessings, [...] das Harmoniestreben Wielands, den Irrationalismus Hamanns, das Schönheitsideal Winckelmanns, das Humanitätsbewusstsein Herders. Aber nicht nur die Verbindung und Vereinigung dieser oft widersprüchlichen Elemente war ihr Werk; das Menschliche schlechthin in seiner Vollendung und Abgründigkeit wird in den bedeutendsten Werken der Klassik auf eine einmalige Weise nachvollziehbar gemacht, wodurch die Ära[1] ihre Geschlossenheit und Zeitlosigkeit erhielt. Die Aufforderung zur alles versöhnenden Menschlichkeit ist dabei das wichtigste Vermächtnis an die nachfolgenden Generationen geblieben.

Johann Wolfgang Goethe war in seiner dichterischen Frühzeit das chaotisch-bewegte und mutige Vorbild der Stürmer und Dränger gewesen. Persönliche Erlebnisse (die Berufung nach Weimar mit der auf ihn dort wartenden Arbeit und die Begegnung mit Frau von Stein) leiteten die Wendung zur Klassik ein. Vor allem erfuhr Goethe durch die Philosophie und Ethik Spinozas, den er nun in der Weimarer Anfangszeit las, die Beruhigung seiner leidenschaftlich erregten Seele: Er erkannte, dass die Klarheit des Intellekts[2] für den Menschen eine unabdingbare Notwendigkeit sei. Nicht mehr das individuelle Wollen, sondern das gesetzmäßige Sollen bestimmte fortan seine geistige Welt. [...] Die Natur des Menschen aber, die ehemals titanisch[3], prometheisch[4], in Stolz und Trotz, als einmalig und grenzenlos ichbezogen gedeutet worden war, trat nun in krassen Gegensatz zu einer überindividuellen und gerade deshalb anerkannten Gesetzmäßigkeit, der man sich – im Kosmischen wie Gesellschaftlichen – zu beugen habe. Ist die eine Wesenskomponente des Dichters mit Maß, Gesetz, Ordnung zu umreißen, so wird die andere, jene umschließend, durch das Gebot der Humanität bestimmt. Menschlichkeit war für Goethe nicht Besitz, sondern Ziel eines unermüdlichen Strebens, Ziel ständigen schweren Ringens. Drei Grundgedanken bewegten den Dichter, die er in seinem Werk zu verwirklichen und für die „Erziehung" des Menschen nutzbar zu machen suchte: die Idee der Schönheit, mit dem Prinzip der Wahrheit verschmolzen [...]; das Streben nach einer umfassenden Harmonie [...]; und das Ziel der Sozietät (die Bildung zur Gemeinschaft) [...].

Quelle: Wege der deutschen Literatur. Ein Lesebuch. Hrsg. von Hermann Glaser, Jakob Lehmann, Arno Lubos. Überarbeitete Neuauflage, Frankfurt a. M./Berlin: Ullstein [23]1994, S. 194–195. Erstveröffentlichung 1962

1 Ära: Zeitabschnitt
2 Intellekt: Erkenntnisvermögen, Verstand
3 titanisch: durch außergewöhnliche Leistungen etc. beeindruckend
4 prometheisch: himmelstürmend, an Kraft, Gewalt und Größe alles übertreffend

Vierter Aufzug – Vierter Auftritt

Iphigenie. Pylades.

Pylades. Wo ist sie? dass ich ihr mit schnellen
 Worten
Die frohe Botschaft unsrer Rettung bringe!
Iphigenie.
Du siehst mich hier voll Sorgen und Erwartung
Des sichern Trostes, den du mir versprichst.
Pylades. Dein Bruder ist geheilt! […]
Auch die Gefährten haben wir gefunden.
[…]
Drum lass uns eilen, führe mich zum Tempel,
Lass mich das Heiligtum betreten, lass
Mich unsrer Wünsche Ziel verehrend fassen.
Ich bin allein genug der Göttin Bild
Auf wohlgeübten Schultern wegzutragen;
Wie sehn ich mich nach der erwünschten Last!
(Er geht gegen den Tempel unter den letzten Worten, ohne zu bemerken, dass Iphigenie nicht folgt; endlich kehrt er sich um.)
Du stehst und zauderst – sage mir – du schweigst!
Du scheinst verworren! Widersetzet sich
Ein neues Unheil unserm Glück? Sag an!
Hast du dem Könige das kluge Wort
Vermelden lassen, das wir abgeredet?
Iphigenie.
Ich habe, teurer Mann; doch wirst du schelten.
Ein schweigender Verweis war mir dein Anblick!
Des Königs Bote kam, und wie du es
Mir in den Mund gelegt, so sagt ich's ihm.
Er schien zu staunen, und verlangte dringend
Die seltne Feier erst dem Könige
Zu melden, seinen Willen zu vernehmen;
Und nun erwart ich seine Wiederkehr.
Pylades.
Weh uns! Erneuert schwebt nun die Gefahr
Um unsre Schläfe! Warum hast du nicht
Ins Priesterrecht dich weislich eingehüllt?
Iphigenie. Als eine Hülle hab ich's nie gebraucht.
Pylades. So wirst du, reine Seele, dich und uns
Zugrunde richten. Warum dacht ich nicht
Auf diesen Fall voraus, und lehrte dich
Auch dieser Fordrung auszuweichen!
Iphigenie. Schilt
Nur mich, die Schuld ist mein, ich fühl es wohl;
Doch konnt ich anders nicht dem Mann begegnen,
Der mit Vernunft und Ernst von mir verlangte,
Was ihm mein Herz als recht gestehen musste.
Pylades.
Gefährlicher zieht sich's zusammen; doch auch so
Lass uns nicht zagen oder unbesonnen
Und übereilt uns selbst verraten. Ruhig
Erwarte du die Wiederkunft des Boten,
Und dann steh fest, er bringe, was er will:
Denn solcher Weihung Feier anzuordnen
Gehört der Priesterin und nicht dem König.
Und fordert er den fremden Mann zu sehn,
Der von dem Wahnsinn schwer belastet ist;
So lehn es ab, als hieltest du uns beide
Im Tempel wohl verwahrt. So schaff uns Luft,
Dass wir aufs Eiligste, den heil'gen Schatz
Dem rau unwürd'gen Volk entwendend, fliehn.
Die besten Zeichen sendet uns Apoll,
Und, eh wir die Bedingung fromm erfüllen,
Erfüllt er göttlich sein Versprechen schon.
Orest ist frei, geheilt! – Mit dem Befreiten
O führet uns hinüber, günst'ge Winde,
Zur Felseninsel die der Gott bewohnt;
Dann nach Mycen, dass es lebendig werde,
Dass von der Asche des verloschnen Herdes
Die Vatergötter fröhlich sich erheben,
Und schönes Feuer ihre Wohnungen
Umleuchte! Deine Hand soll ihnen Weihrauch
Zuerst aus goldnen Schalen streuen. Du
Bringst über jene Schwelle Heil und Leben wieder,
Entsühnst den Fluch und schmückest neu die
 Deinen
Mit frischen Lebensblüten herrlich aus.
Iphigenie.
Vernehm ich dich, so wendet sich, o Teurer,
Wie sich die Blume nach der Sonne wendet,
Die Seele, von dem Strahle deiner Worte
Getroffen, sich dem süßen Troste nach.
Wie köstlich ist des gegenwärt'gen Freundes
Gewisse Rede, deren Himmelskraft
Ein Einsamer entbehrt und still versinkt.
Denn langsam reift, verschlossen in dem Busen,
Gedank ihm und Entschluss; die Gegenwart
Des Liebenden entwickelte sie leicht.

PYLADES.
Leb wohl! Die Freunde will ich nun geschwind
Beruhigen, die sehnlich wartend harren.
Dann komm ich schnell zurück und lausche hier
Im Felsenbusch versteckt auf deinen Wink –
Was sinnest du? Auf einmal überschwebt
Ein stiller Trauerzug die freie Stirne.

IPHIGENIE.
Verzeih! Wie leichte Wolken vor der Sonne,
So zieht mir vor der Seele leichte Sorge
Und Bangigkeit vorüber.

PYLADES. Fürchte nicht!
Betrüglich schloss die Furcht mit der Gefahr
Ein enges Bündnis; beide sind Gesellen.

IPHIGENIE. Die Sorge nenn ich edel, die mich warnt,
Den König, der mein zweiter Vater ward,
Nicht tückisch zu betrügen, zu berauben.

PYLADES.
Der deinen Bruder schlachtet, dem entfliehst du.

IPHIGENIE. Es ist derselbe, der mir Gutes tat.

PYLADES.
Das ist nicht Undank, was die Not gebeut.
[...]

Quelle: Johann Wolfgang Goethe: Iphigenie auf Tauris. Ein Schauspiel. Stuttgart 2001.

- Analysieren Sie den Textausschnitt zur Epoche der Klassik im Hinblick auf seine Aussagen zu Inhalten und Forderungen der Klassik und zu Goethes Entwicklung und Menschenbild. Erklären Sie abschließend die Bezeichnung „schöne Seele“ (Z. 9 f.) und das „Gebot der Humanität“ (Z. 53).
- Fassen Sie den Inhalt des vorliegenden Ausschnitts aus der Szene IV,4 des Schauspiels *Iphigenie auf Tauris* zusammen und überprüfen Sie, inwieweit die Charakterisierung der Figuren Iphigenie und Pylades den Idealen der Klassik gerecht wird.

Aufgaben zur Vorbereitung der 1. Teilaufgabe

1 Klären Sie die Aufgabenstellung: Welche Operatoren beinhaltet sie, welche Leistungen fordern diese?

2 Welche Aspekte für die Analyse werden in der Aufgabe benannt?

-
-
-

3 Sind die Vorgaben, die mit den Worten „im Hinblick auf" eingeleitet werden, einschränkend oder weisen sie nur auf Schwerpunkte hin?

4 Welche Bezeichnungen sollen von Ihnen erklärt werden?

-
-

5 Formulieren Sie eine aufgabenbezogene Einleitung (Textsorte, Titel, Autoren, Entstehungszeit, Thema).

6 Teilen Sie den Text in zwei Sinnabschnitte ein. Geben Sie den Sinnabschnitten Überschriften.

	Zeilen	Überschrift
1		
2		

7 Unterstreichen Sie im Text die zentralen Thesen zur Epoche der Klassik und geben Sie diese mit eigenen Worten wieder.

Zeilen	Wiedergabe mit eigenen Worten

8 Suchen Sie aus dem Text die Aussagen zu Goethes Entwicklung vom Sturm und Drang zur Klassik heraus. Berücksichtigen Sie dabei sein jeweiliges Idealbild vom Menschen.

Sturm und Drang

Klassik

9 Erklären Sie die Bedeutung der Bezeichnung „schöne Seele“ (Z. 9 f.).

10 Erklären Sie das „Gebot der Humanität“ (Z. 53):

a Ist Humanität in Goethes Sinne statisch oder dynamisch? Begründen Sie Ihre Meinung, achten Sie hierbei auch auf die Bedeutung des Begriffs „Gebot“.

b Benennen Sie die Eigenschaften, die Humanität in Goethes Sinn ausmachen.

Aufgaben zur Vorbereitung der 2. Teilaufgabe

1 Klären Sie die Aufgabenstellung: Welche Operatoren beinhaltet sie, welche Leistungen fordern diese?

2 Listen Sie auf, was zur Charakterisierung einer Figur gehört.

3 Formulieren Sie unter Berücksichtigung von Titel, Textsorte, Erscheinungsdatum und Autor einen die beiden Teilaufgaben sinnvoll verbindenden Satz.

4 Teilen Sie die Szene in vier Sinnabschnitte ein. Geben Sie die Verse an und fassen Sie den Inhalt der einzelnen Abschnitte kurz zusammen.

	Verse	Inhalt
1		
2		
3		
4		

5 Ordnen Sie die Szene stichpunktartig in das Gesamtdrama ein:

a Vorgeschichte:

b Folgen:

6 Erklären Sie folgenden Satz von Pylades: „Wie sehn ich mich nach der erwünschten Last!“ (V. 1 565)

7 Bestimmen Sie die Motive und Argumente (pro und contra) von Iphigenie und Pylades, Thoas mit ihrem Fluchtplan zu hintergehen.

	Pylades	Iphigenie
Argumente		
Motive		

8 Vergleichen Sie das Gesprächsverhalten von Iphigenie und Pylades.

9 Deuten Sie folgende Textstellen unter Beachtung der sprachlichen Mittel:

Textstelle	sprachliches Mittel	Deutung
Drum lass uns eilen, führe mich zum Tempel, Lass mich das Heiligtum betreten, lass Mich unsrer Wünsche Ziel verehrend fassen. *(V. 1 560 ff.)*		
Des Königs Bote kam, und wie du es Mir in den Mund gelegt, so sagt ich's ihm *(V. 1 573 f.)*		
Als eine Hülle hab ich's nie gebraucht. *(V. 1 582)*		
Vernehm ich dich, so wendet sich, o Teurer, Wie sich die Blume nach der Sonne wendet, Die Seele, von dem Strahle deiner Worte Getroffen, sich dem süßen Troste nach. *(V. 1 619 ff.)*		

10 Überprüfen Sie, ob die Figur Pylades den Idealen der Klassik gerecht wird, indem Sie:

- Ihre Beobachtungen zu Charakter, Motiven und Verhalten in die folgende Tabelle eintragen,
- die Aspekte, die den Forderungen der Klassik gerecht werden, unterstreichen,
- in der zweiten Spalte die entsprechenden Ideale der Klassik eintragen,
- ein Fazit formulieren.

Pylades' Charakter, Motive, Verhalten	**Forderungen der Klassik**

Fazit

11 Überprüfen Sie, ob Iphigenie den Idealen der Klassik gerecht wird, indem Sie:

- Ihre Beobachtungen zu Charakter, Motiven und Verhalten in die folgende Tabelle eintragen,
- die Aspekte, die den Forderungen der Klassik gerecht werden, unterstreichen,
- in der zweiten Spalte die entsprechenden Ideale der Klassik eintragen,
- ein Fazit formulieren.

Iphigenies Charakter, Motive, Verhalten	**Forderungen der Klassik**

Fazit

12 Bestimmen Sie die dramatische Funktion der Szene.

13 Verfassen Sie die ausformulierte Klausur.

Schreibaufgabe

Vorgehen bei der 1. Teilaufgabe

TIPP — Beachten Sie, dass bei dieser Aufgabenart die zweite Teilaufgabe stärker gewichtet wird als die erste.

1. Formulieren Sie eine aufgabenbezogene Einleitung (Textsorte, Titel, Autoren, Entstehungszeit, Thema).
2. Geben Sie kurz einen Überblick über den Aufbau des Textes.
3. Geben Sie in folgender Reihenfolge die Aussagen Glasers, Lehmanns und Lubos' mit eigenen Worten wieder:
   - Inhalte und Forderungen der Klassik
   - Goethes Entwicklung und sein sich hierzu parallel entwickelndes Menschenbild.
4. Erklären Sie in einer reflektierten Schlussfolgerung die Bezeichnung „schöne Seele" und das „Gebot der Humanität".

Vorgehen bei der 2. Teilaufgabe

1. Formulieren Sie unter Berücksichtigung von Titel, Textsorte, Erscheinungsdatum und Autor eine die beiden Teilaufgaben sinnvoll verbindende Überleitung.
2. Ordnen Sie die Szene in den Gesamtzusammenhang des Dramas ein.
3. Fassen Sie den Inhalt der Szene kurz zusammen.
4. Beschreiben Sie die beiden Charaktere Iphigenie und Pylades (Charakter, Motive, Verhalten). Beziehen Sie sich hierbei auf Textstellen und achten Sie auf sprachliche Besonderheiten (Wortwahl, bildhafte Sprache, ...).
5. Setzen Sie Ihre Ergebnisse zu den Ergebnissen aus der ersten Teilaufgabe in Beziehung und überprüfen Sie, inwieweit die Darstellung der beiden Figuren den Idealen der Klassik gerecht wird.
6. Formulieren Sie eine abschließende reflektierte Schlussfolgerung.
7. Überprüfen Sie Ihr Ergebnis hinsichtlich der Darstellungsleistung (Strukturierung, gedankliche Klarheit, Verwendung der Fachsprache, Belege von Aussagen, Ausdruck, sprachliche Richtigkeit).

Musterklausur 2
Analyse eines Sachtextes mit weiterführendem Schreibauftrag

Klassisches Humanitätsideal: Goethes Iphigenie und ihr Nachhall

Damit zu dem Text, der für alle deutschsprachigen Leser oder Theaterbesucher die Iphigenie-Figur am stärksten geprägt hat: zu Goethes *Iphigenie auf Tauris.* Die erste Prosafassung stammt von 1779, die kanonisch gewordene Versfassung vollendet Goethe auf seiner Italienreise 1786. Dieser Text ist bis heute ein Schulklassiker und bis heute eine unumgängliche Vorgabe für alle, die sich mit diesem Mythos befassen. Goethes Iphigenie trägt eine Botschaft. Sie verkörpert ein ethisches Ideal: die Selbstbestimmung und Selbstverantwortung des einzelnen Menschen. Goethes Schauspiel stellt es so dar, dass diese Selbstbestimmung den Einzelnen aus aller religiösen und auch politischen Bevormundung befreit, ihn aber in dieser Freiheit zugleich Rücksicht üben und das Einverständnis des anderen suchen lässt. Das ist Goethes Änderung der mythischen Vorlage: Nicht die Intrige und auch keine dea ex machina befreien Iphigenie aus ihrem Exil, sondern ihre Offenheit gegenüber Thoas und ihr Vertrauen auf menschliches Verständnis und Einverständnis. Goethes viel zitierter Selbstkommentar, seine Iphigenie sei „verteufelt human", deutet den antireligiösen Impuls an, der darin liegt, dass hier alle Moral allein auf die menschliche Selbstverantwortung gegründet wird. Das hat auch eine politische Dimension, wenn Iphigenie die fehlende moralische Rechenschaft des absoluten Herrschers anklagt. „Ein wildes Lied" nennt Thoas das, und das ist es nicht nur für ihn, sondern wohl für alle Ohren zur Zeit des Absolutismus, in der dieses Schauspiel entstand. Die Botschaft von individueller Freiheit und Selbstbestimmung verdankt sich natürlich nicht Goethe allein, sondern der europäischen Aufklärungsphilosophie und ihrem Ziel, die Autonomie des Einzelnen mit den Ordnungsbedürfnissen der Gemeinschaft überein zu bringen. Wenn Goethe dieses Ziel durch den Charakter und die unerhörte Tat (dass sie die eigene Intrige offen legt) seiner Iphigenie erreichen lässt, kleidet er ein aktuelles philosophisches Ideal ins antike Gewand. Er folgt damit der durch Johann Joachim Winckelmann begonnenen Idealisierung der griechischen Antike, die sie zur Projektionsfläche der eigenen, gegenwärtigen Wunschvorstellungen macht. „Das Land der Griechen mit der Seele suchend": mit diesem Vers aus ihrem Auftrittsmonolog spricht Goethes Iphigenie selbst das Motto zu dieser klassizistischen Graecophilie[1]. In der Vorstellung von der „Weimarer Klassik", die dann das 19. Jahrhundert zum Zweck der kulturellen Nationenbildung Deutschlands entwickelt, gewinnt diese Iphigenie eine Schlüsselstellung. Sie wird zu deren Herzstück, zum klassischen Humanitätsideal, womit sie ganz neue mythische Züge annimmt. Der griechische verwandelt sich in einen deutschen Mythos. Iphigenie steht insgesamt für die Weimarer Klassik und deren humanistische Bildungsmission. In dieser Funktion ist sie bewundernd erhoben, kritisch demontiert, immer wieder essayistisch[2] und künstlerisch erörtert und verwandelt worden.

[...]

Aus: Stefan Matuschek (Hrsg.): Mythos Iphigenie. Texte von Aischylos bis Volker Braun. Leipzig: Reclam 2006, S. 173–176, S. 173–174.

1 Graecophilie: Liebe zu Griechenland

2 essayistisch: knappe, anspruchsvolle Behandlung eines Themas

- Untersuchen Sie den Textauszug von Stefan Matuschek unter besonderer Berücksichtigung seiner Deutung von Goethes Iphigenie-Figur und ihrer zeit- und literaturgeschichtlichen Bedeutung.

- Stellen Sie die Handlung von *Iphigenie auf Tauris* von Johann Wolfgang Goethe kurz dar. Überprüfen Sie die Thesen Stefan Matuscheks am Drama und anhand Ihrer literatur- und zeitgeschichtlichen Kenntnisse und nehmen Sie zu seiner Position Stellung.

Aufgaben zur Vorbereitung der 1. Teilaufgabe

1 Klären Sie die Aufgabenstellung: Welchen Operator beinhaltet sie, welche Leistungen fordert dieser?

2 Welche Aspekte für die Untersuchung werden in der Aufgabe benannt?

-
-
-

3 Sind die Vorgaben, die mit den Worten „unter besonderer Berücksichtigung" eingeleitet werden, einschränkend oder weisen sie nur auf Schwerpunkte hin?

4 Formulieren Sie eine aufgabenbezogene Einleitung (Textsorte, Titel, Autoren, Entstehungszeit, Thema).

5 Teilen Sie den Text in fünf Sinnabschnitte ein und geben Sie jedem Abschnitt eine Überschrift.

	Zeilen	Überschrift
1		
2		
3		
4		
5		

6 Stefan Matuschek bezeichnet Iphigenie als „ethisches Ideal“ (Z. 10). Suchen Sie nach Begründungen im Text.

7 Welche Änderung Goethes gegenüber seiner „mythischen Vorlage“ benennt Matuschek?

8 Erklären Sie die Bezeichnung „antireligiöse[r] Impuls“ (Z. 23 f.).

9 Erläutern Sie, worin Stefan Matuschek die „politische Dimension“ (Z. 26) des Dramas sieht.

10 Untersuchen Sie die Bedeutung des zeit- und literaturgeschichtlichen Kontextes für das Drama und tragen Sie Ihre Ergebnisse in die folgende Tabelle ein.

zeit-/literaturgeschichtlicher Kontext	**Bedeutung/Botschaft**	**erkennbare Einflüsse in „Iphigenie“**
Aufklärung		
Graecophilie		
Weimarer Klassik		

11 Deuten Sie folgende Textstellen unter Beachtung der Sprache:

Textstelle	sprachliches Mittel	Deutung
„Dieser Text ist bis heute ein Schulklassiker und bis heute eine unumgängliche Vorgabe für alle, die sich mit diesem Mythos befassen." (Z. 6 ff.)		
„‚Ein wildes Lied' nennt Thoas das, und das ist es nicht nur für ihn, sondern wohl für alle Ohren zur Zeit des Absolutismus, in der dieses Schauspiel entstand." (Z. 28 ff.)		
„kleidet er ein aktuelles philosophisches Ideal ins antike Gewand" (Z. 40 f.)		
„[...] gewinnt diese Iphigenie eine Schlüsselstellung. Sie wird zu deren Herzstück, [...]" (Z. 51 ff.)		
„In dieser Funktion ist sie bewundernd erhoben, kritisch demontiert, immer wieder essayistisch und künstlerisch erörtert und verwandelt worden." (Z. 58 ff.)		

12 Untersuchen Sie die Syntax im Text (Satzarten, Satzlängen, Konjunktionen, ...) und notieren Sie Ihre Erkenntnisse.

Aufgaben zur Vorbereitung der 2. Teilaufgabe

1 Klären Sie die Aufgabenstellung: Welche Operatoren beinhaltet sie, welche Leistungen fordern diese?

2 Formulieren Sie unter Berücksichtigung von Titel, Textsorte, Erscheinungsdatum und Autoren einen die beiden Teilaufgaben sinnvoll verbindenden Satz.

3 Tragen Sie in folgende Dramenkurve stichpunktartig entscheidende Ereignisse der Handlung ein.

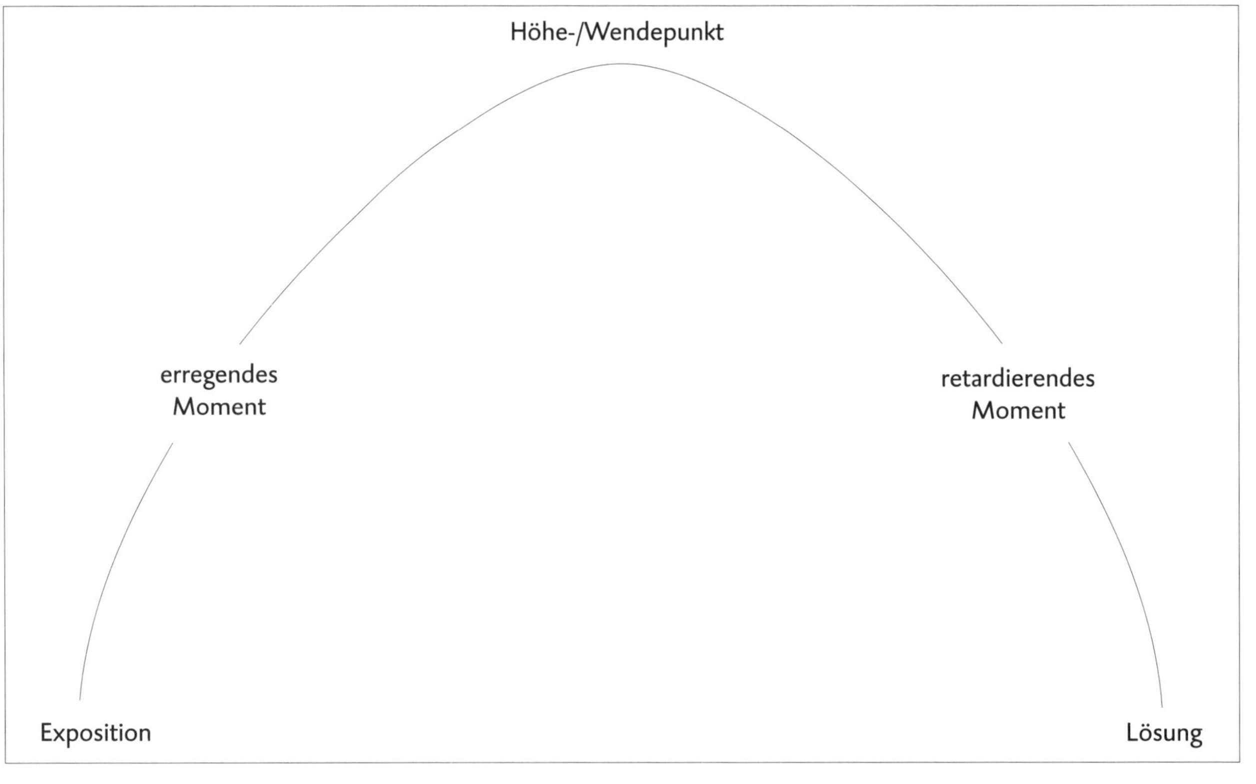

4 Notieren Sie einige Hauptthesen Stefan Matuschek, suchen Sie nach Belegen bzw. Widerlegungen und formulieren Sie ein Fazit.

These Stefan Matuscheks	Belege	Widerlegungen

5 Verfassen Sie die ausformulierte Klausur.

Schreibaufgabe

Vorgehen bei der 1. Teilaufgabe

TIPP — Beachten Sie, dass bei dieser Aufgabenart die erste Teilaufgabe stärker gewichtet wird als die zweite.

1. Formulieren Sie eine aufgabenbezogene Einleitung (Textsorte, Titel, Autor, Entstehungszeit, Thema).
2. Beschreiben Sie den Argumentationsgang im Text und geben Sie kurz den Inhalt der einzelnen Abschnitte mit eigenen Worten wieder.
3. Untersuchen Sie:
   – Stefan Matuscheks Deutung der Iphigenie-Figur,
   – Stefan Matuscheks Darstellung der zeit- und literaturgeschichtlichen Bedeutung Iphigenies.
   Beziehen Sie sich hierbei auf Textstellen und achten Sie auf Argumentationsweise und sprachliche Besonderheiten (Syntax, Wortwahl, bildhafte Sprache, ...).
4. Ziehen Sie reflektierte Schlussfolgerungen.

Vorgehen bei der 2. Teilaufgabe

1. Formulieren Sie unter Berücksichtigung von Titel, Textsorte, Erscheinungsdatum und Autor eine die beiden Teilaufgaben sinnvoll verbindende Überleitung.
2. Fassen Sie die Handlung des Dramas kurz zusammen. Konzentrieren Sie sich auf die zentralen Aspekte.
3. Widerlegen oder belegen Sie die einzelnen Thesen Stefan Matuscheks mithilfe des Dramentextes und Ihres Wissens über den zeit- und literaturgeschichtlichen Kontext.
4. Formulieren Sie eine abschließende reflektierte Schlussfolgerung.

Überprüfen Sie Ihr Ergebnis hinsichtlich der Darstellungsleistung (Strukturierung, gedankliche Klarheit, Verwendung der Fachsprache, Belege von Aussagen, Ausdruck, sprachliche Richtigkeit).